GINEBRA

EL MANUAL

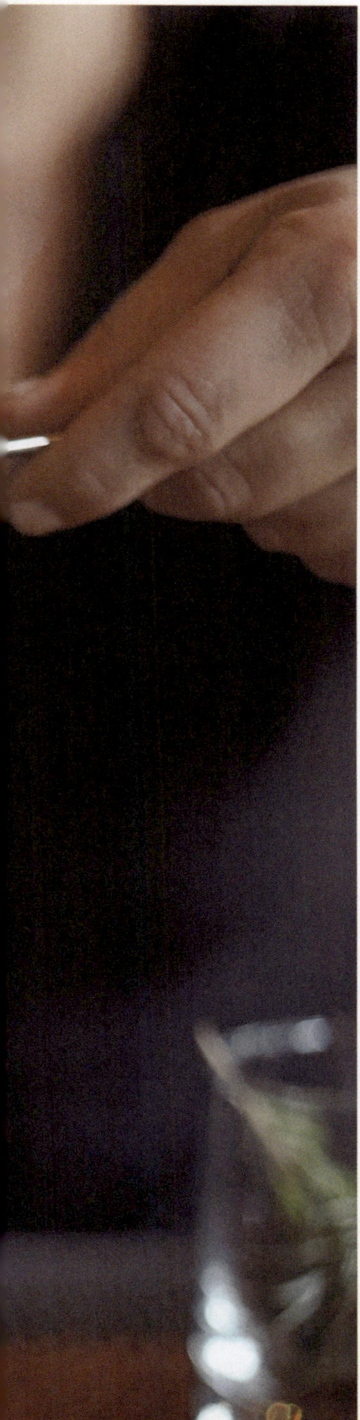

GINEBRA

EL MANUAL

DAVE BROOM

H. BLUME

PARA MI ESPOSA, COMPAÑERA Y AMIGA JO.

Título original: *Gin: The Manual*

Publicado por primera vez en Reino Unido en 2015 por Mitchell Beazley, una división de Octopus Publishing Group Ltd, Carmelite House, 50 Victoria Embankment, Londres EC4Y 0DZ, Inglaterra

Sector Foresta, 1
28760 Tres Cantos
Madrid-España
Tel. 918 061 996
Fax: 918 044 028
www.akal.com

Traducción de Herminia Bevia Villalba

ISBN: 978-84-96669-93-2

Depósito legal: M-29.179-2015

Impreso y encuadernado en China

Editor sénior Leanne Bryan
Corrector Jo Richardson
Revisor Constance Novis
Indexador Cathy Heath
Director creativo Jonathan Christie
Director artístico Juliette Norsworthy
Diseñador Geoff Fennell
Gestor de búsqueda de imágenes Giulia Hetherington
Controlador de producción Allison Gonsalves

CONTENIDO

INTRODUCCIÓN

Mi padre bebía whisky, mi madre ginebra. Quizá suene como el comienzo de un tema *country,* pero en cualquier caso fue, más o menos, un comienzo. En realidad, mi madre no era bebedora: quizás una copita de jerez antes de la cena. Sin embargo, en una ocasión me confesó: «La bebida que más me gusta es el Gin-tonic, pero ya sabes...». No hacía falta completar la frase. Las mujeres no bebían ginebra. Tal vez su sabor fuese maravilloso, pero la gente lo habría desaprobado.

Lo extraño es que detrás de su matrimonio estaba la ginebra. La primera cita con mi padre fue también la primera ocasión en que visitaba un *pub.* Cuando él le preguntó qué quería tomar, a ella le entró pánico y dijo: «Gin & It». Lo había oído nombrar, puede que lo mencionaran en una película, pero nunca lo había probado. La primera copa de mi madre fue el equivalente británico del cóctel Martinez servido en un bar del East End de Glasgow. Esto me produce cierto orgullo. El hecho de que se casasen poco después y yo llegase un par de años más tarde implica, de un modo curioso, que tengo que agradecer a la ginebra mi existencia.

La relación de mi madre con la ginebra era una reversión a la violencia londinense alimentada por dicho licor en el siglo XVIII. Arrastra, además, la gélida desaprobación del presbiterianismo escocés (y, créanme, no hay nada tan temible) y los desacreditados excesos de los Bright Young Things (jóvenes aristócratas educados en Eaton) en las décadas de los años veinte y treinta. La ginebra era como un fogonazo, demasiado fuerte y tosca. Ser atacada por todos lados al mismo tiempo ha sido parte de su cruz.

Mi amor por la ginebra empezó años después. En la Escocia en la que crecí, los hombres bebían whisky. La ginebra era considerada una bebida «inglesa», propia de clubes de golf y una cierta clase social, un marcador de estatus, clase y actitud. Esto sucedía, por supuesto, en los días de la decadencia de la ginebra.

Años más tarde tomé mi primer Martini. Lo preparó para mí Desmond Payne en la destilería Beefeater, en aquella época un lugar solitario y lleno de ecos que sólo parecía conservar el calor gracias a la pasión de un hombre. Yo inhalaba los aromas de los botánicos, me maravillaba ante los alambiques, olía el nuevo producto, probaba la bebida y pensaba: «¿Dónde has estado toda mi vida?».

La ginebra aún seguía de capa caída. Los destiladores daban palos de ciego, rebajaban la fuerza y añadían aromas. Entonces apareció Bombay Sapphire y la gente comenzó a interesarse por la ginebra de nuevo. Igual de significativa fue la coincidencia con el renacimiento del cóctel en Londres: las personas de mi edad podían beber clásicos. Un pequeño grupo de hermanas y hermanos gritando en el desierto: «Amamos la ginebra».

Poco después, Charles Rolls me llevó a Plymouth en un avión biplaza con dos cajas de ginebra detrás (nunca supe muy bien por qué cargábamos ginebra para la destilería). Lo siguiente que quedó claro era que todo el mundo que sabía de whisky escocés tenía la ginebra como primera bebida. Me convertí en bebedor confeso de ginebra que se recreaba en su historia, fascinado por sus complejidades y enamorado de su estatus perdedor.

Ahora, en un momento en el que parecen surgir veinte nuevas marcas cada semana y destilerías en cada esquina, todo aquello parece un sueño extraño. ¿De verdad hubo un tiempo en el que la ginebra no gustaba, en el que estaba estigmatizada, cuando los martinis se preparaban con vodka y los camareros pensaban que Negroni era la marca de una cerveza de importación? ¿Un tiempo en que decir que querías escribir un libro sobre la ginebra hacía que el editor cambiase amablemente de tema?

¡A la salud de un nuevo mundo de ginebra!

HISTORIA

Lo que viene a continuación es una historia de depravación y gozo, de sofisticación y bajos fondos, de creatividad y falta de escrúpulos, un relato acerca de místicos y científicos medievales. La difusión de la ginebra por el globo se entrelaza con la medicina, la alquimia, la política, el nacimiento de la identidad nacional y la clase trabajadora, el imperialismo, el comercio de especias, la guerra, la enfermedad, la Prohibición, la frivolidad de los Bright Young Things y avispados hombres de negocios WASP (White Anglo-Saxon Protestant). Grandes escritores y músicos la han elogiado, maestros destiladores le han aportado sutilezas y los mixólogos le han proporcionado una dimensión extra. En otro tiempo se la culpó de diversos males sociales y se convirtió en un símbolo de la respetabilidad de la clase media.

Pero, sobre todo, la ginebra resiste. Sabe que al final la gente entrará en razón y la apreciará por lo que siempre ha sido: un licor de profundidad y complejidad extraordinarias. Escuchar la historia de la ginebra es como sentarse a los pies de un veterano de guerra e imaginar cómo sobrevivieron a las fantásticas escapadas que describen. La ginebra sobrevivió y prosperó. Nos encontramos en la segunda Edad de Oro de la ginebra. No obstante, cómo hemos llegado aquí es toda una historia. Así que pongámonos cómodos...

Juniperus communis, el enebro común, es utilizado desde hace miles de años como remedio para numerosas dolencias.

LA BAYA MILAGROSA

La pequeña conífera surgió tímidamente, aliada con brezos, hierbas, musgos y líquenes que tapizaban y daban color al nuevo paisaje que el hielo dejaba, a medida que excavaba y recorría las rocas durante miles de años. Con el hielo en retirada, el enebro de negros conos similares a bayas estuvo al frente de la recolonización de la tierra por parte de la vegetación. Su polen permaneció a salvo en turberas para que el hombre lo descubriera varios miles de años más tarde.

Viejo remedio

En los inicios de la civilización humana, cuando la gente se curaba a sí misma con lo que la tierra ofrecía, las «bayas» de lo que llegó a ser conocido con el nombre científico de *Juniperus communis* eran valoradas por su particular eficacia. Los antiguos egipcios dejaron constancia en el Papiro Ebers (*ca.* 1550 a.C.), uno de los registros más antiguos del conocimiento médico, de cómo el enebro curaba la ictericia. Para los antiguos griegos era una droga que potenciaba el rendimiento y un remedio para los cólicos. El padre de la medicina, el médico romano Dioscórides (*ca.* 40-90 d.C.), señalaba la eficacia de las bayas de enebro remojadas en vino para combatir muchas dolencias del pecho, además de como abortivo. ¿Eran destiladas? Tal vez. El método de destilación de Dioscórides, en un recipiente tapado por otro, figuraría en textos médicos y botánicos durante los siguientes 500 años. Plinio el Viejo también elogiaba esta planta, mencionándola hasta en 22 ocasiones en su *Naturalis Historia* (*ca.* 77-79 d.C.):

> La semilla [...] disipa la flatulencia y los escalofríos repentinos, detiene la tos y aporta induración a la cabeza... y las bayas tomadas con vino tinto actúan como astringente de las tripas. La semilla posee efectos diuréticos [...] O ya sea una dosis de cuatro bayas en vino blanco o en forma de decocción de veinte bayas en vino.

Panacea medieval

En el siglo XIII esta baya milagrosa formaba parte de un mareante catálogo de ingredientes con los que experimentaban alquimistas y boticarios en ciudades como Brujas. Fue a 7 km de dicha ciudad, en la cercana Damme, donde Jacob van Maerlant escribió entre 1266 y 1269 (en verso) la enciclopedia en 13 volúmenes *Der Naturen Bloeme*, traducción a su vez de la obra en 20 volúmenes *Liber de Natura Rerum* del autor nacido en Bruselas Thomas de Cantimpré. En el capítulo 8, Van Maerlant recomienda: «cocer las bayas [de enebro] en vino para los calambres [...] cocer las bayas en agua de lluvia para los dolores de estómago». También describe un método para destilar la madera y hacer aceite que, junto con el incienso de enebro y las mascarillas rellenas de bayas, lideraban la batalla contra la carnicería provocada por la peste o Muerte Negra (1346-1353).

El tratado de Hieronymus Brunschwig de 1500 sobre la destilación, traducido al inglés con el título de *The Vertuose Boke of Distyllacyon,* contenía una receta para «agua de bayas de enebro»:

> Por la mañana / a las nueve de la noche / beber en cada ocasión de la misma agua una onza / es bueno contra cálculos en la vejiga / hace que la orina se desplace al exterior y sea fácil expulsarla...

Fue la época de los herbarios –enciclopedias de plantas y sus propiedades curativas– y el enebro desempeñaba un papel destacado en la mayoría de ellos. El naturalista suizo Conrad Gesner decidió ilustrar la destilación de los frutos del enebro en su herbario de 1559 titulado *The Treasure of Euonymus*. El herbario de Gesner contiene también una extensa fórmula para «una muy noble agua con virtudes que habría que valorar más que la plata y el oro». Enumera el enebro entre los 23 ingredientes básicos, mientras otra receta, que pretende «restaurar la juventud», contiene 44. Los demás ingredientes resultan familiares para los amantes de la ginebra: granos del paraíso (pimienta de Guinea), salvia, hinojo, nuez moscada, pimienta, bayas de laurel, hierbas frescas, bayas de cubeba, cardamomo y almendra. Tres años más tarde, William Turner publicó *A New Herbal*, el primero centrado en plantas inglesas, incluido el enebro, del que decía que «crece abundantemente en Kent [...] en los obispados de Durham y Northumberland» y puede ser empleado como diurético, además de mantener alejadas a las víboras. En 1640 apareció el último de los grandes herbarios, *Theatrum Botanicum* de John Parkinson, en el que escribe: «No existe el hombre [...] que pueda descartar fácilmente las virtudes del árbol del enebro», aunque impertérrito siga intentándolo. Se diría que el enebro era bueno para tratar todo, desde las hemorragias nasales a la peste, las convulsiones durante el parto y el asma. Sin embargo, en los Países Bajos al menos, el enebro poseía otro valioso atributo, que tenía que ver tanto con la salud como con la riqueza.

La obra de Conrad Gesner *The New Jewell of Health* (1576), muestra a un maestro y su ayudante destilando alcohol con ayuda de una forma primitiva de condensador de reflujo.

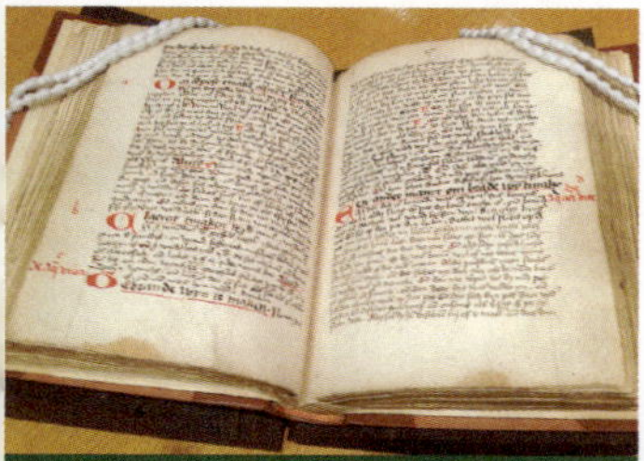

1495 VERBATIM

Esta extravagante receta comienza tomando 10 cuartos de vino (o «madre del vino», posiblemente heces), rebajado con agua o cerveza de Hamburgo «hasta que el agua tenga la densidad del suero». Luego es destilado en un doble recipiente, cuya cabeza se sella con una mezcla de yema de huevo y harina. Luego se toman 9 partes de ese «vino calentado» y 1 parte de cada una de las siguientes especias: 12 nueces moscadas, jengibre, galangal (jengibre azul), granos del paraíso (pimienta de Guinea), clavo, canela y cardamomo. Tras destilar todo esto, añadimos 2 kg de nuez moscada machacada, 2 puñados de salvia seca, ½ kg de clavo y, por último, enebro. De hecho, la receta menciona *gorsbeyn de dameren,* que literalmente se traduce por «cenizas de huesos de rana», o como sostiene Van Schoonenberghe *(véase derecha)* bayas *[beyen]* secas molidas de enebro *[ghurst].* Esta mezcla se coloca en una bolsa de tela y se suspende en el recipiente. A continuación, se vuelve a destilar la mezcla.

En 2014, en G'Vine's (*véanse pp. 122-123*) Cognac HQ (la receta original lleva vino de la región francesa de Cognac), un equipo que incluía al historiador de la ginebra holandesa Phillip Duff y a David Wondrich (*véase p. 155*) recreó esta mezcla y la bautizó Verbatim.

El licor de los Países Bajos

No sabemos su nombre, pero podemos asumir que cierto hombre que vivía entre Arnhem y Appeldorn en 1495 era un próspero mercader. Porque, ¿quién sino un hombre rico tendría en casa un libro escrito a mano para su deleite? ¿Y qué otra persona se habría podido permitir la escandalosa cantidad de especias necesarias para fabricar un licor por esparcimiento, el primero hallado hasta la fecha en usar enebro *(véase recuadro, izquierda)*? Esas especias habrían llegado hasta él de otras tierras, desde Asia a Constantinopla y luego Venecia. Era una decadente y líquida manifestación de poder, y también una clara indicación de que la gente bebía por placer. Dos años más tarde, el «brandy» –un término comodín para los licores de esa época– era gravado con impuestos en Ámsterdam.

Agua de vida

Para entender la ginebra, primero hay que entender la ginebra holandesa, cuyo ascenso se produjo a lomos de la guerra, la persecución religiosa, la construcción de la nación y el comercio. Su principal historiador es el Dr. Eric van Schoonenberghe, sin cuyos textos este capítulo habría sido considerablemente más incompleto. Hay un rico filón de escritos en holandés relacionados con la alquimia a partir del siglo XIII, en muchos de los cuales se menciona el enebro. No obstante, fue la copia que realizó en 1351 Johannes de Aeltre de un tratado anterior titulado *Aqua vite, dats water des levens of levende water* la que resulta especialmente significativa a la hora de señalar la función del licor. En él se declara que el *aqua vitae:*

Het doet oec den mensche droefheit vergeten
Ende maecten van hertten vro ende oec stout ende coene.

Hace a los hombres olvidar la tristeza
y vuelve sus corazones felices y valientes.

Es evidente que se había producido un cambio. La gente se estaba dando cuenta de que lo que habían considerado solamente como medicina tenía otras propiedades. Y así fue como las bayas de enebro se dispusieron a asumir su moderno papel.

La posición de Brujas como centro de comercio e investigación intelectual menguó en el siglo XV, cuando el río Zwin quedó obstruido. El foco se desplazó 90 kilómetros al este, a Amberes, donde en 1552 Philippus Hermanni escribió *Een Constelijck Distileerboec*. No sólo figuraba una fórmula para el agua de bayas de enebro, sino que entraba en detalles sobre cómo destilarla.

Vasijas de barro, como estas antiguas muestras procedentes de la destilería escocesa Bols, se emplean todavía para embotellar la ginebra.

Se convertiría en el manual para los destiladores de los Países Bajos.

Hasta ese momento todas las aguas curativas se basaban en el vino, pero una sucesión de pobres cosechas y clima frío llevó a los destiladores a utilizar lo que tenían a mano: primero cerveza amarga, luego centeno y cebada malteada. Había otra razón para la escasez de vino. En 1568 comenzó la Guerra de los Ochenta Años entre los Países Bajos y España, que entonces los gobernaba. Un levantamiento protestante, con sede en Amberes, fue reprimido con violencia por los españoles. La combinación del aumento de la persecución religiosa y la caída del comercio provocó un éxodo masivo de artesanos, destiladores y comerciantes. Durante este periodo sólo a Londres llegaron 6.000 refugiados, mientras que otros fueron a parar al norte de Holanda, Berlín y Colonia, así como a Francia. Al declinar la importancia de Amberes, los destiladores se reestablecieron en ciudades de la nueva República Holandesa, como Schiedam, próxima a Róterdam. Otros se mudaron a Ámsterdam, Weesp y Hasselt (ahora en Bélgica). A ellos se sumó una segunda oleada en 1601, cuando los gobernantes del sur controlado por España, los archiduques Alberto e Isabel, prohibieron la destilación de cereales. Este edicto permaneció en vigor 112 años.

Valor añadido

Hasta entonces, los ricos bebían vino y brandy; los pobres cerveza y alcohol de malta. Pero a principios del siglo XVII, la República Holandesa impuso tasas sobre el brandy, el anís y la ginebra. Dado que con anterioridad sólo pagaba impuestos el brandy, la ginebra pasó a ser más consumida. Esto tuvo como resultado un cambio en el sabor. Para producir un licor más refinado, que atrajese a la clase de los mercaderes privados de brandy, los destiladores holandeses empezaron a aromatizar su vino de malta, al principio con enebro o junípero *(jenever)* y otras especias fáciles de obtener. En 1602 se fundó la Compañía Holandesa de las Indias Orientales (*Vereenigde Oostindische Compagnie* o VOC). Estaba destinada a ser, hasta su disolución en 1799, el organismo comercial más poderoso del mundo, con un monopolio virtual del comercio de especias. La Edad de Oro holandesa había comenzado.

Entre los refugiados procedentes de Amberes se encontraba la familia Bulsius que, tras un breve periodo en Colonia, llegó a Ámsterdam en 1575, cambió su nombre por el de Bols y empezó a fabricar licores. En 1664 añadieron a su oferta *genever* (*véanse* pp. 171-173 y 178). Ambos estilos de bebida requerían ingredientes exóticos y la familia estableció estrechos lazos con el Consejo de los 17 de la VOC. En 1700, al frente del poder de la VOC, que había alcanzado el estatus de un Estado de facto, Lucas Bols se convirtió en accionista, lo que le permitía un acceso preferente a las especias, además de una red de distribución para sus productos.

La flota de casi 5.000 barcos hizo de Ámsterdam el centro mundial del comercio. Como E. M. Beekman observa en *Fugitive Dreams:* «Los monopolios pueden ser legislados, pero sólo se mantienen por la fuerza...». Sin embargo, ¿qué les importaban a los mercaderes y destiladores de Ámsterdam las brutalidades en Oriente cuando sus riquezas eran descargadas en los muelles de la ciudad? Llegaban especias y sedas, salía ginebra. En esa época la Marina y el ejército holandeses recibían una ración diaria de ginebra. Los colonos de las Indias Orientales tomaban *soopjes* (tragos) de la bebida apodada «sopa de loro», «cabezona» y «agua de lúpulo» durante el día y su copa de «mosquitera» antes de ir a dormir. La ginebra también se usaba en trueques. El misionero Herman Neubronner van der Tuuk se ofendió cuando un jefe batak de Sumatra le pidió 12 botellas de ginebra a cambio de un texto sagrado.

Centro comercial de la Compañía Holandesa de las Indias Orientales (VOC) en el distrito bengalí de Hooghly, en la India. Cuadro de 1665 de Hendrik van Schulenburgh.

Holanda se globaliza

La ginebra se había convertido en parte de una compleja red comercial y cultural, una hebra en el intricando tapiz de la identidad que la nueva nación estaba tejiendo para sí misma. Cuando comenzó a ser distribuida por el mundo, desde África occidental y Sudáfrica a la India, Japón, China, Caribe, Sudamérica y Europa, se convirtió en un sinónimo de holandés. No era simplemente *genever,* era «Hollands», término con el que se conocía a las ginebras holandesas. La producción continuó creciendo. El cereal llegaba del Báltico y la cebada malteada de Inglaterra. Se necesitaban recipientes, hechos por artesanos del cobre como Petrus de Kuyper, de Horst, cuyo hijo Jan abrió una destilería en Schiedam en 1752. El humo y los aromas de la planta se mezclaban con los efluvios de las otras 126 que había en la ciudad.

Con la creación en 1713 de los Países Bajos Austriacos (ahora Bélgica) recomenzó la destilación en esa región, aunque registros de la época sugieren que la calidad no era demasiado alta. A finales del siglo también hubo un incremento de la ginebra *(genièvre)* producida en Francia, que hasta ese momento había prohibido la destilación de cereales. A pesar de que las exportaciones de ginebra holandesa se vieron interrumpidas por cuatro guerras entre ingleses y holandeses (1652-1654, 1665-1667, 1672-1674 y 1680-1684), al acabar el siglo XVIII las ginebras holandesas se estaban vendiendo en los nuevos «strong water shops» a la mitad del precio del brandy francés. Mientras los destiladores en ciernes de la capital luchaban por sacudirse el estigma que arrastraba la ginebra inglesa *(gin)*, la holandesa *(genever)* entraba en el siglo XIX con arrogante confianza. Sus colonias y sus vecinos no eran los únicos que querían ginebra: ahora también la quería América.

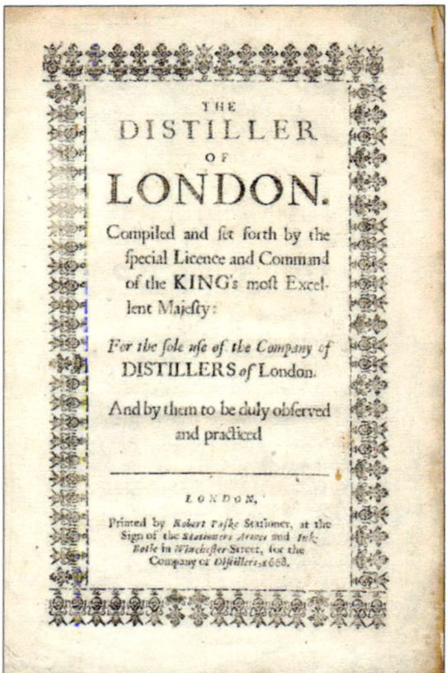
THE
DISTILLER
OF
LONDON.
Compiled and ſet forth by the ſpecial Licence and Command of the KING's moſt Excellent Majeſty:
For the ſole uſe of the Company of DISTILLERS *of* London.
And by them to be duly obſerved and practiced
LONDON,
Printed by *Robert Taſke* Stationer, at the Sign of the *Stationers Armes* and *Ink-Bottle* in *Winchester-Street*, for the Company of *Diſtillers*, 1668.

DESARROLLO DE LA GINEBRA MODERNA

***The Distiller of London* de 1698 contiene una serie de recetas de protoginebra inglesa *(gin).* Se ha reeditado muy a menudo la receta XXVI, pero a mí me intriga más la XXXIII. El enebro es el primer ingrediente, junto con pieles secas de membrillo y pippin (manzana), piel de limón y de naranja, nuez moscada, semillas de anís y clavo. Tras la destilación, se maceran en el alcohol fresas y grosellas antes de endulzarlo. Tan moderno como gustemos.**

El complicado nacimiento de la ginebra inglesa

Aunque a menudo es citada como la primera receta de licor de enebro inglesa una que procede de *Delightes for Ladies* de sir Hugh Plat, publicado en 1602, no lo es. Sin embargo, esto demuestra que los licores ya no eran propiedad de alquimistas y boticarios: podían –de hecho, debían– ser elaborados por la señora de la casa. El destilado era practicado por científicos y médicos, nobles rurales y especialistas, muchos de los cuales eran refugiados de los Países Bajos. En 1621 estaban registrados en Londres 200 destiladores y en 1638

CORAJE HOLANDÉS

Los soldados juegan un extraño papel en la historia de la ginebra inglesa. Según algunos historiadores de la ginebra, la popularidad de esta bebida aumentó gracias a que los ingleses llevaron a su país el llamado «Dutch Courage» (coraje holandés) desde los campos de batalla holandeses en algún momento entre el periodo isabelino (en torno a 1560-1600) y la Guerra de los Treinta Años (1618-1648). La idea de que las tropas defendieran la ginebra holandesa es, creo, demasiado simplista. A su vuelta, sin trabajo, buscaban licores baratos. El hecho de que en el siglo XVIII el más barato fuese la ginebra es pura coincidencia.

The Worshipful Company of Distillers obtuvo carta real y la facultad de controlar la calidad del alcohol que se hacía. La reedición de 1698 de su libro de recetas (*The Distiller of London, véase recuadro*) ordenaba que «todos los vinos, primeros destilados, heces de vinos y aguardientes de baja graduación fuesen inicialmente destilados [...] mediante lo cual adquirirán fuerte graduación [...] antes de ser combinados».

Influencia holandesa

Entre los emigrantes influyentes en Inglaterra estaba William Y-Worth de Róterdam, un respetado alquimista y confidente de Isaac Newton que, en 1692, publicó *The Compleat Distiller*. El libro de Y-Worth es un claro registro de los métodos de destilación y mezcla holandeses. Tiene duras palabras hacia el «deficiente» enfoque de los destiladores de la Worshipful Company, aunque la única mención al enebro figura en la sección medicinal *Pharmacopoeia Spagyrica*. Junto con las técnicas de destilado holandesas en el siglo XVII se produjo la importación de *genever*, tanto legal como de contrabando, con la que debía medirse la *gin* de los destiladores británicos. En esa época, miembros de la dinastía de destiladores escoceses Haig estaban estudiando la producción de ginebra holandesa en Schiedam (*véase* p. 20).

El rey de Gran Bretaña en aquel momento, Guillermo III, era holandés: recibió una invitación a ocupar el trono en 1688. Con frecuencia, su ascenso es citado como el disparador que empujó a la gente a beber *gin* por entusiasmo patriótico. En realidad, la nobleza rural ya la bebía. Sólo mediante una medida política se extendió su consumo al resto de la población. El Parlamento aprobó en 1690 «una ley que alentaba la destilación de brandy y licores a partir del maíz». Rebajar los aranceles sobre los licores fabricados con maíz inglés, y prohibir inicialmente el brandy francés (imponiéndole luego unos aranceles más altos), era una manera de estar a bien con los agricultores y propietarios rurales, no un intento de animar a la gente a beber ginebra. Sin embargo, fue lo que consiguió, y de qué manera. La desregulación de la producción significó que cualquiera podía destilar o mezclar. Como resultado, el consumo de alcoholes subió de 2.600.363 litros en 1684 a 5.455.308 litros en 1700. La combinación de maíz barato entre 1715 y 1755 y un montón de nuevos destiladores hundió los precios, y con ellos la calidad. En 1720 se instaló la *Gin Craze* (locura por la ginebra).

Tiempos de locura

En el siglo XVIII, en medio del caos, Gran Bretaña se convirtió en una nueva nación. La principal manifestación de esa confusión fue Londres. La ciudad se estaba expandiendo rápidamente y la gente se apiñaba en sus barrios bajos. Fue un periodo febril, con guerra casi constante, la continua amenaza de la rebelión jacobita y una especulación económica descontrolada. Las voces de sirena de las oportunidades londinenses atraían cada vez más almas a su fétido abrazo, únicamente para arrojarlas por el desagüe. No obstante, algunas personas prosperaron y aprendieron un oficio, o lograron una posición, pero la mayoría ahogaban sus miserias con el bálsamo que ofrecía *Mother Geneva*.

En 1720 el 90 por 100 de los licores ingleses eran destilados en Londres, la mayor parte ginebra. Era barata, fuerte, imitaba a las ginebras holandesas que bebían los señores y era fácil de conseguir en las tabernas, tugurios y mugrientas *gin shops* que abundaban en los callejones. Se podía adquirir en las *chandler's shops,* especie de colmados donde los pobres compraban bollos, pan seco y queso duro, en puestos callejeros o a vendedores ambulantes. El incremento del consumo de ginebra por parte de las clases bajas era un problema tan serio para el gobierno que en 1729 aprobó

La obra *Gin Lane [El callejón de la ginebra]* de William Hogarth, realizada en 1751 en apoyo de la Gin Act. ¿Una representación precisa o acalorada propaganda?

LAS LEYES DE LA GINEBRA

1729 Una subida del arancel de 5 chelines por galón. La licencia para venta al por menor costaba 20 libras.

1733 Arancel extra sobre compuestos de alcohol suprimido. Prohibidos los vendedores callejeros. Multa de 10 libras para los infractores descubiertos. Los informantes recibían 5 libras tras la condena y el pago de la multa.

1736 50 libras por licencias para la venta de alcoholes destilados; arancel 1 libra por galón. 100 libras de multa por la venta al por menor sin licencia. Multa de 10 libras por venta en la calle. Ilegal vender al por mayor menos de 2 galones.

1743 Duplicados a 2 peniques por galón los aranceles sobre los primeros destilados; alcoholes 6 peniques por galón. Licencia rebajada a 1 libra. La ginebra sólo se podía vender en locales con licencia. Los destiladores no podían venden al por menor.

1747 Los destiladores podían vender al por menor previo pago de una licencia de 5 libras.

1751 El arancel sube a un chelín por galón; el coste de la licencia a 2 libras. Se prohíbe a los destiladores la venta al por menor. Se reducen los locales con licencia a posadas, hostales y tabernas, sólo para propietarios cuyos establecimientos paguen una contribución de más de 10 libras al año.

1760 El arancel se eleva a 5 peniques para primeros destilados y 1 chelín 3 peniques para alcoholes a base de maíz. Se ofrecen ayudas a la exportación.

una ley para intentar frenar la demanda. Sin embargo, solamente 453 de las nuevas licencias (que costaban el equivalente a un año de ingresos) gozaban de garantías y no tuvo efectos sobre el volumen vendido. Destilar y vender se estaba convirtiendo en la única opción para ganar dinero en los barrios bajos.

La subida de los aranceles incrementaba los ingresos tan necesarios (había que costear las guerras constantes de ese siglo) y contentaba a los neoprohibicionistas. De modo inteligente, también evitaba conflictos con los intereses de destiladores y terratenientes, ya que su objetivo eran solamente los 1.500 propietarios de locales. El problema fue que no funcionó: en 1730 el consumo de ginebra había alcanzado 13.638.276 litros. La oposición a la bebida se había convertido en una cruzada moral combatida con sermones, obras de teatro y panfletos sobre espantosas historias de libertinaje, asesinato y disipación.

En 1736 se aprobó una nueva Gin Act *(véase recuadro, izquierda),* pero a pesar de sus draconianas medidas, pensadas para erradicar la ginebra, sólo se otorgaron 20 de las nuevas licencias a 50 libras y el diabólico licor estaba aún más libremente disponible. Dos años después la producción subió a 6 millones de galones (casi 18 millones de litros). La furia de los que se oponían a la ginebra sólo era comparable a la de aquellos a los que perseguían. Hacían cola delante de los «Puss and Mew», de los que fue pionero Dudley Bradstreet, donde, ante el dibujo de un gato, susurraban «Puss» (minino). Si recibían una respuesta afirmativa, «Mew» (maullido), depositaban dos peniques en el cajón que salía y le servían un trago a través de un tubo de plomo situado bajo la pata del gato. Los informadores, ansiosos por lograr su recompensa, estaban organizados en bandas, pero si eran desenmascarados podían pagar un precio muy alto. En 1738, por ejemplo, el cadáver de una informante fue desenterrado y le clavaron una estaca en el corazón. Beber ginebra había llegado a ser un acto de desobediencia civil; la muchedumbre se impacientaba. Con el tiempo, por temor a los ataques los jueces renunciaron a intentar imponer la ley.

De los 8 millones de galones producidos en 1742 (más de 30 litros per cápita) sólo se vendieron 40 galones con licencia. Hacía falta desesperadamente dinero para pagar a los 80.000 soldados enviados a la Guerra de Sucesión austriaca (1740-1748), por lo que el gobierno dictó otra ley más *(véase recuadro, izquierda).* Al principio, pareció funcionar: se sacaron 481.000 licencias de bajo precio entre 1743 y 1747. Sin embargo, los

Los peligros de la ingesta de ginebra entre las jóvenes era otro tema popular para ilustradores como Thomas Rowlandson, que realizó esta obra a comienzos de la década de 1800.

destiladores protestaron por no poder vender directamente y en 1748 se les permitió hacerlo al por menor, lo mismo que hacían los locales. En ese preciso instante regresaron las tropas y se desató una oleada de delitos alentados por la ginebra.

Londres estaba en crisis. La tasa de nacimientos en la ciudad cayó entre 1720 y 1750, aumentó la tasa de fallecimientos y el promedio de mortalidad infantil fue de 242 muertos por cada 1.000 al año entre 1730 y 1779. El alcoholismo tenía su parte de responsabilidad, pero la ginebra estaba lejos de ser la única causa. La *Gin Craze* nació de la pobreza. Aunque el consumo empezó a descender a finales de la década de 1740, la guerra contra la ginebra pronto estuvo otra vez a la cabeza de la agenda política. En 1751, el grabado de William Hogarth *El callejón de la ginebra* (*véase* p. 16) presentaba un infernal retrato de la vida en las «rookeries» (barriadas pobres) alrededor de St. Giles. Pinta una sociedad fracturada, con la ginebra como símbolo de su declive físico y moral. La despreciable madre borracha que deja caer a su hijo, en el centro, representa no sólo a *Mother Genever,* sino a las mujeres mismas.

De la mala reputación a la aceptación

«Si una mujer se habitúa a beber [...] se convierte en la más miserable, así como en la más despreciable de las criaturas sobre la tierra.» Eso escribía el autor anónimo de *A dissertation on Mr Hogarth's Six Prints* en 1751. Si las mujeres eran depravadas, planteaban los abolicionistas, ¿qué esperanza le quedaba a la sociedad? Se supone que las mujeres mantienen unida a la sociedad, argumentaban, no llevan botellas bajo las faldas y venden ginebra a las 5 de la mañana. Lo que era aún peor: si eran malas madres, ¿de dónde saldría la siguiente carne de cañón? Vender ginebra era uno de los escasos medios que una mujer sola tenía para obtener dinero. El mismo año se aprobó otra ley (*véase recuadro,* p. 17), que finalmente pareció funcionar y, excepto por un repunte en 1756, el consumo siguió bajando. Toda ansia residual de ginebra barata quedó eliminada entre 1757-1763, cuando las malas cosechas implicaron que no se destilaran cereales y las pequeñas destilerías cerraran. Ahora que la ginebra era cara de producir, se elevaron los precios y con ellos la calidad. La *Gin Craze* terminó y los licores retornaron a manos de los ricos, la misma gente que mientras duró había estado bebiendo brandy, ron y ginebra holandesa.

Las destilerías pasaron a ser propiedad de hombres de considerable fortuna, familias como los Boord, Currie y Booth, y en 1769 Alexander Gordon comenzó a destilar en Bermondsey, sur de Londres (*véanse* pp. 87-88). En la década de 1780, James Stein instaló una planta de ginebra en su destilería de whisky de Kilbagie, en el condado escocés de Fife, capaz de producir 5.000 galones de ginebra holandesa al día. Aunque su licencia de exportación fue revocada, los destiladores londinenses ya no tenían el monopolio. Thomas Dakin había establecido una destilería de ginebra en Warrington, noroeste de Inglaterra, en 1761 (*véanse* pp. 69 y 89), mientras que en 1793 la familia Coates se puso en marcha en Plymouth (*véase* p. 104). Cuatro grandes nuevas destilerías en Bristol, tres en Liverpool y el incremento de las exportaciones de alcohol para rectificación desde Escocia también ejercían presión sobre las firmas londinenses.

Tímidamente, la ginebra inglesa comenzaba a ser aceptable, pero estaba lejos todavía de ser la bebida que conocemos hoy. En su libro de 1757 *The Complete Distiller,* Ambrose Cooper recomendaba a los destiladores seguir un método holandés y les animaba diciendo que si eran «cuidadosos al destilar y rectificar [su] alcohol de malta, podían hacer ginebra equivalente a la de los holandeses». El mensaje de Y-Worth seguía siendo válido (*véase* p. 15).

La Ley de la Ginebra de 1751 supuso la muerte de *Madam Genever*... ¿En serio?

MÁS AGUARRÁS QUE GINEBRA

Ambrose Cooper en *The Complete Distiller* de 1757 distingue entre «destilado alcohólico de enebro» y «el tipo común [que] no está hecho de bayas de enebro [...] sino de aceite de trementina». A continuación, da dos recetas: una para 1,3 kg de bayas maceradas destiladas en 45 litros de aguardiente, y otra que añade 50 ml de aceite de trementina y 3 puñados de sal marina a 90 litros de alcohol.

El ascenso del cóctel

Aunque la ginebra no estaba llegando al público que sus nuevos y acomodados destiladores sentían que merecía, a inicios del siglo XIX empezaba a abrirse paso a través del espectro social inglés, logrando incluso cierta aceptación entre la bohemia. Según Thomas Medwin, lord Byron, al que conoció en Pisa en 1820, mantenía su energía ingiriendo «con mucha liberalidad vino y su bebida favorita, ginebra holandesa, de la que consumía una pinta prácticamente todas las noches». Byron replicaba a su invitado: «¿Por qué no la prueba? La ginebra con agua es la fuente de toda mi inspiración». Curiosamente aún era *hollands,* no *gin* británica, lo que se bebía. Lo mismo debía ocurrir con el ponche con ginebra que gustaba a los miembros del Garrick Club de Londres o con el nuevo combinado John Collins, bautizado con el nombre del jefe de camareros del hotel Limmer's Old House, situado en Conduit Street, en el barrio londinense de Mayfair, durante la década de 1830.

Costumbres de clase

Como Olivia Williams narra en su libro *Gin Glorious Gin,* en 1883 la revista londinense *The Spectator* mencionaba la ginebra holandesa y el brandy como adquisiciones básicas de la clase media, mientras que los «licores caseros (ginebra y whisky) correspondían a los pobres». Todavía se consideraba superior la ginebra holandesa, y hubo intentos de producirla en Gran Bretaña: en 1807, en Londres, la destilería Haig ofrecía su *hollands* hecha en Escocia. El destilador Robert More, que se había formado en Scheidam (*véase* p. 15), fabricó «geneva» en su destilería escocesa Underwood de Falkirk en 1828, pero no funcionó y el año siguiente se declaró en bancarrota.

La ginebra británica continuó siendo una bebida de las clases trabajadoras. En su ensayo de 1836 *The Streets at Night,* Charles Dickens retrata a una bulliciosa multitud londinense a la salida del teatro pidiendo «goes» (copas) de ginebra y *purl,* cerveza aromatizada con ginebra. Las importaciones todavía superaban a la producción nacional y, además, existía una cantidad considerable de contrabando. Carpeau y Stival obtuvieron en 1785 autorización real para destilar grano en su destilería de la ciudadela de la localidad francesa de Dunquerque, con el objetivo específico de introducirla de contrabando en Inglaterra, situación que se mantuvo hasta 1810, mientras se libraban las guerras napoleónicas. Esta historia inspiró a Alexandre Gabriel para crear su marca Citadelle (*véanse* pp. 118 y 158).

Entonces, a los legisladores británicos se les ocurrió una gran idea para impulsar el licor nacional. En 1825 rebajaron los aranceles de 10 chelines con 6 peniques a 6 chelines. La ginebra era ahora más barata que la cerveza y en un año el consumo se disparó de 3,7 a 7,4 millones de galones. Samuel Morewood informaba en 1838 de que esto no mejoró la calidad. Respecto al nivel del alcohol base escribía: «Todos los licores están obligados a pasar por el filtro [de los rectificadores], los cuales, por una equivocada disposición, se han convertido en árbitros del gusto del público».

La vuelta a una ginebra barata también creó un nuevo lugar donde beberla, el *gin palace,* que encandilaba en medio de las malolientes calles londinenses. Con la fachada acristalada, brillantemente iluminados, con barras largas y barriles de ginebra detrás, los palacios de la ginebra parecían ofrecer una oportunidad de clase alta para tomar bebidas elegantes. Se trataba de una quimera. No eran más que tabernas con pretensiones, locales sin asientos para los pobres, arrasados, una vez más, por el consumo de alcohol de baja graduación. Nada se había solucionado. Como observaba Dickens en su ensayo acerca de los palacios de la ginebra en 1835: «Beber ginebra es un gran vicio en Inglaterra, pero la pobreza es uno aún mayor». Dándose cuenta de su error, el gobierno eliminó el impuesto sobre la cerveza en 1830, lo que provocó una estampida hacia los *pubs,* que copiaron rasgos del diseño de los palacios de la ginebra (añadiéndole asientos) y cobraron el aspecto del *pub* victoriano que hoy conocemos. La etapa del *gin palace* concluyó a finales de la década de 1830.

En la década de 1820 se produjo una segunda *Gin Craze*, centrada esta vez en los palacios de la ginebra, como el de la ilustración.

Nuevos estilos de ginebra

Sin embargo, los destiladores de ginebra se estaban organizando. Desde 1820 a 1840, el Rectifiers Club se reunía mensualmente. El grupo, que despedía cierto tufo a cartel, estandarizó las normas y se ocupó también del tema del alcohol de base. En 1827 Robert Stein instaló su recién patentado alambique continuo en Kilbagie (*véase* p. 19), un diseño mejorado en 1832 por Aeneas Coffey *(véase ilustración, página opuesta).* El año anterior, en Warrington (*véase* p. 19), Mary Dakin adquirió una cabeza de moro Corty para su alambique de ginebra y en 1836 el nuevo diseño conocido como Carter-Head (*véanse* pp. 42-43). El resultado de estas innovaciones fue un alcohol base más limpio, lo que a su vez significaba que había menos necesidad de sobrecargarlo con botánicos intensos. Esto permitió ampliar la paleta botánica –más cítricos, especias dulces, cardamomo, alcaravea y así sucesivamente– y obtener ginebras de mayor complejidad. Los destiladores de *gin* se agrupaban ahora en Bermondsey, Lambeth y Clerkenwell en Londres, donde en 1798 Gordon se había unido a Nicholson y Booth. A mediados de siglo, la destilería de Plymouth (*véase* p. 19) suministraba 19.000 barricas de Navy Strength al año a la Real Armada británica.

En este periodo también se utilizaba ginebra para diluir preparaciones médicas en sustitución de remedio original. Los oficiales de la Royal Navy mezclaban con ginebra su dosis de amargo de Angostura contra la malaria, lo que daba como resultado ginebra rosa. Para prevenir el escorbuto todos los barcos tenían que llevar, por ley, limas, que eran mucho más fáciles de transportar en forma del licor creado por Lauchlin Rose en 1862. Al añadirlo a la ginebra surgió una bebida bautizada con el nombre del cirujano general de la Armada, sir Thomas Gimlette. Hasta el ejército de Tierra obedeció la orden rebajando la amargura del tónico contra la malaria con ginebra.

La publicación en 1869 en Gran Bretaña de la obra *Cooling Cups and Dainty Drinks,* de William Terrington, supuso un escalón más en la evolución de la ginebra. Se estaba volviendo una bebida respetable y sofisticada, ya que podía servirse con hielo, ahora más fácilmente disponible. Ganaron popularidad los combinados de ginebra, como el N.° 1 creado por (o para) el local de ostras de Mr. Pimm. El más claro indicador de la oferta de ginebra en los bares nos lo desvela Loftus en su *New Mixing and Reducing Book* de 1869, donde descubrimos que puede haber sido endulzada en el rectificador o ser rectificada en el *pub*. Cada marca estableció su propio

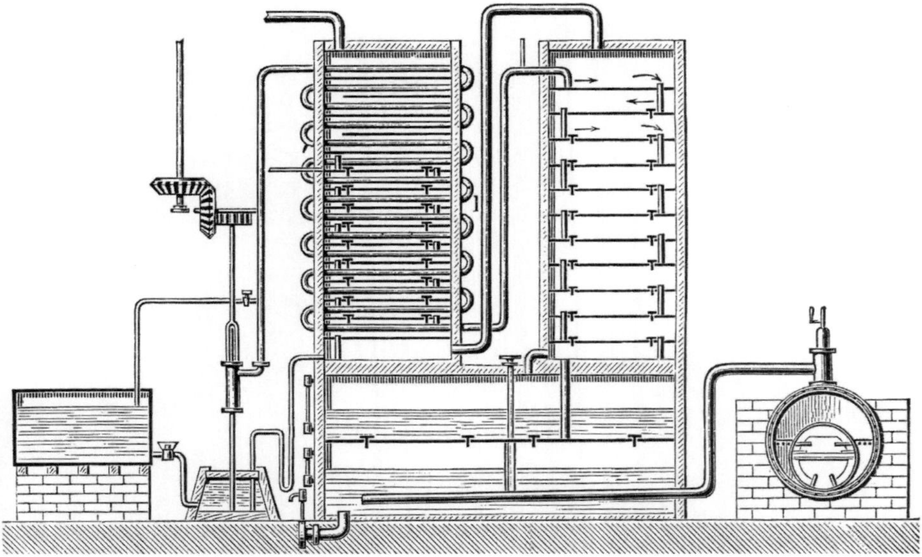

La invención en 1832 del alambique Coffey por el irlandés Aeneas Coffey llevó a una mejora en la calidad de la ginebra.

estilo: «Hodges, Booth's, Vicker's, y Nicholson's [...] cada una posee su aroma característico [...] mientras que las diferencias entre Bristol y Liverpool [...] o Bristol y Plymouth es tan marcada como la diferencia entre el whisky de malta escocés e irlándes». Loftus daba pistas incluso sobre cómo aportar a la ginebra inglesa «la cremosidad y la suavidad tan admiradas de la ginebra holandesa [...] en gran parte consecuencia del tiempo», añadiendo azúcar, ajo o rodajas de rábano. Mencionaba, además, el giro en las preferencias en cuanto al estilo de ginebra: «Comparativamente, hay poca demanda de ginebra fuerte o sin endulzar [...] y solamente entre las clases respetables o adineradas». La mayoría de la gente bebía Old Tom, la ginebra dulce que llevaba ese nombre por el gato que se cayó en un alambique, aunque es más probable que fuese en honor de «Old» Thomas Chamberlain de la destilería Hodge. Su consumo, no obstante, estaba restringido a Inglaterra. La exportación sólo alcanzó un volumen digno de mención a partir de 1850, cuando sir Feliz Booth presionó con éxito para que se redujesen los impuestos especiales a la exportación. Tras esto, las ginebras londinenses fueron a parar principalmente al mercado del Imperio.

En la década de 1870, la filoxera (la plaga que devastó los grandes viñedos franceses a finales del siglo XIX) desterró el coñac de las cartas, y permitió que la ginebra (y el whisky) fuesen los espirituosos preferidos por la clase media. Queda de manifiesto en la aparición de combinados de ginebra, como el ponche, el julepe, el *sling* y el *sangaree* en la obra de 1871 *The Gentleman's Table Guide*. A los viejos destiladores se sumarón Charles Tanqueray, que empezó a destilar en frío en 1830 (*véanse* pp. 110-112), Walter y Alfred Gilbey, y James Burrough, que en 1863 compró la destilería de John Taylor en Cale Street, en el barrio londinense de Chelsea. En 1876 lanzó su *dry gin* Beefeater (*véase* p. 63) para atender la demanda entre los nuevos consumidores de una ginebra sin endulzar al estilo de los champañas «secos». Los destiladores ingleses miraron hacia América, otro mercado que se estaba abriendo y que hacía mucho que apreciaba la ginebra.

El reinado de *Madam Genever*

El siglo XIX sería la edad dorada de la *genever*. La pequeña ciudad de Schiedam, cerca de Róterdam, contaba con 37 destilerías en 1700. Cien años más tarde había 250 y en la década de 1880 llegaron a 392. La industria ya no se limitaba a abastecer al mercado nacional: el 80 por 100 de la ginebra de Schiedam era embarcada en su puerto, junto a marcas como la Bols de Ámsterdam (véanse pp. 12 y 13), rumbo a África, Europa, sudeste asiático y América. El vino de malta era exportado también como alcohol base para las destilerías en Inglaterra, Francia y Alemania.

Schiedam se convirtió en la capital de la destilación de la ginebra holandesa en el siglo XIX.

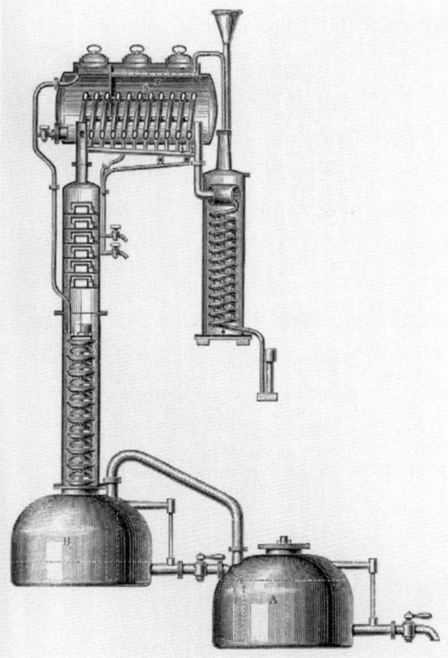

Los destiladores belgas adoptaron el diseño de alambique Cellier Vlumenthal en los años 1820.

Todo, desde el malteado al embotellado, tenía lugar en la ciudad. El hollín de centenares de chimeneas de las destilerías de Scheidam se fundía con el de los hornos de sus 62 malterías. El aire ennegrecido, ligeramente agitado por las velas de los 15 molinos de viento de la localidad, le otorgó a la ciudad el nombre de «Black Nazareth».
Sin embargo, aquello no duraría. La importancia de Schiedam empezó a declinar a finales de 1880, cuando las firmas más importantes del país dieron la espalda al vino de malta (especialidad de la ciudad) y se decantaron por una base más económica producida industrialmente a partir de la remolacha azucarera. El cambio reflejaba lo ya sucedido en Bélgica. En la década de 1820, los destiladores belgas se apresuraron a instalar alambiques de columna Cellier-Blumenthal *(véase izquierda).* La independencia de Bélgica en 1830 conllevó una bajada en los impuestos, se prohibió la ginebra holandesa y se duplicó el número de destilerías hasta 1092. Comenzaron las exportaciones a Brasil, África, India, Nueva Zelanda, Australia y China. Luego se produjo la consolidación: la mayor parte era producida por grandes destilerías urbanas, que empleaban como base la remolacha azucarera. Esta nueva y ligera ginebra «jonge» se convirtió en una bebida de bajo precio para la clase trabajadora, lo que desató la *Gin Craze* belga. Los detractores se oponían el aumento del consumo con mensajes e imágenes que recordaban a los utilizados en Londres un siglo antes. *Madam Genever* seguía viva.

El regalo de América al mundo

La ginebra se convirtió en una bebida global gracias a Estados Unidos, aunque el gusto americano por la ginebra no empezó con las ginebras londinenses. Durante buena parte del siglo XIX, cuando en América bebían ginebra bebían *genever,* que estaba siendo exportada al continente americano desde al menos 1732. Bols comenzó a enviar su ginebra en 1750 (*véanse* pp. 12 y 13). Incluso al finalizar el siglo, la ginebra holandesa era importada en mayor cantidad que la británica y fue la primera (y con el tiempo la Old Tom) que aportó los cimientos de los primeros cócteles y combinados populares. Como apunta Lesley Solmonson en *Gin: A Global History,* fue la «hollands» la que hizo que Rip van Winkle durmiese 20 años.

Cuando los destiladores norteamericanos comenzaron a hacer su propia ginebra usaron una fórmula holandesa y la envejecieron. Samuel McHarry en su libro de 1809 *The Practical Distiller* (*véase también* p. 181), aporta una receta de ginebra fabricada con whisky clarificado e idéntica proporción de agua «unidos a una cantidad suficiente de bayas de enebro, un puñado de lúpulo [más cola de pescado, agua de lima y sal]». Esta ginebra, añadía, «[...] refinada y envejecida dos años, será igual, si no superior, a la cerveza holandesa».

Esta receta es la que, apropiadamente, la New York Distilling Company, con sede en Brooklyn, ha recreado para su Chief Gowanus (*véase* p. 181). Brooklyn fue uno de los primeros centros de destilados y allí, en 1808, Hezekiah Pierrepont fundó la Anchor Distillery, la que se dice fue la primera planta comercial de ginebra en Estados Unidos. Según *A History of the City of Brooklyn* de Henry Reed Stiles, Anchor «guardaba la ginebra durante un año después de ser elaborada, gracias a lo cual adquiría la suavidad por la que era particularmente apreciada». De los espirituosos destilados en las seis destilerías que había en el sur de Brooklyn en 1851, 2,9 millones de galones de whisky fueron rectificados, lo que incluiría la ginebra.

América hacía ginebra porque América empezaba a beber cócteles. Lo que comenzó como sencillas dosis individuales *(slings)* se transformó en mezclas y combinados (*fixes*, *sours*, margaritas, julepes y *smashes*) y, con la incorporación de los *bitters* al principio del siglo XIX, «bittered slings» o «cocktails». Eran tragos cortos, preferiblemente fríos, para beber rápido, para despejarse, contra la resaca o como aperitivo, y todos incluían ginebra. Inicialmente, se tomaban por la mañana. La mayor disponibilidad de hielo a partir de 1830 hizo que las bebidas se sirviesen más frías, al igual que la llegada de la coctelera a finales de la década de 1840. A medida que cambiaban las bebidas también lo hacía su entorno. Los *saloons,* como sostiene Solmonson, empezaron a ser diseñados para atraer a la gente al interior y mantenerla dentro bebiendo.

Con estos locales llegó el barman y con el barman el espectáculo. El primer barman superestrella, Jerry Thomas, empezó a preparar mezclas en 1849 y en 1862 escribió el primer libro de cócteles. Para entonces, Thomas y sus colegas habían ya «mejorado» la sencilla copa de ginebra. Se incorporaron el licor de melocotón, la absenta, el Chartreuse y otros ingredientes, pero el giro más importante fue el que se produjo cuando el vermú Romeo encontró a su Julieta, la ginebra. El Martini con ginebra, también conocido como Turf Club, surgió en los años ochenta. La primera referencia escrita es de 1884, aunque Terrington (*véase* p. 22) tenía una mezcla con vermú de nombre asombrosamente parecido: Martinez. Ambos tenían como base ginebra holandesa o tipo Old Tom. Ni rastro de *dry gin*. El libro *Bartender's Manual,* escrito por Harry Johnson en 1888, enumeraba once combinados con

Aunque menos escabroso que Hogarth (*véase* p. 16), el movimiento de la Templanza también jugó la carta de los «valores familiares».

ginebra holandesa y ocho con Old Tom. En la edición de 1888 del de Jerry Thomas la holandesa gana por 6:4 y en el de «The Only» William Schmidt, *The Flowing Bowl,* de 1892, por 11:5. En 1908, no obstante, William «Cocktail» Boothby lista seis bebidas con ginebra seca en su *The World's Drinks and How to Mix Them* y nueve con cada una de las ginebras de viejo estilo. El sentido de la marea estaba cambiando. El gusto americano se desplazaba hacia la *dry* al tiempo que el país se iba quedando seco.

Ascenso, caída y ascenso de la ginebra

Se podría pensar que la Prohibición en Estados Unidos (1920-1933) retrasaría una generación la aspiración global a la ginebra. En lugar de eso, supuso el fortalecimiento del espirituoso. Los destiladores británicos, que no deseaban prescindir de su nuevo e importante mercado, se limitaron a enviar su ginebra a Canadá o Bahamas, desde donde fluía sin cesar hasta los *speakeasies* (los establecimientos que vendían alcohol de manera ilegal). Durante la Prohibición no se incrementó el volumen de alcohol consumido, se pasó de la cerveza a licores más fuertes. Fue la primera ocasión en que la ginebra se hizo verdaderamente popular.

Ginebra en la bañera

De acuerdo con *Straight Up or On the Rocks,* la historia del cóctel americano de William Grimes, los combinados también subieron de precio. Antes de la Prohibición un

A pesar de los esfuerzos de las autoridades estadounidenses, la popularidad de la ginebra aumentó durante la Prohibición.

cóctel podía costar 20 centavos. Ese precio se duplicó en un *speakeasy* y podía llegar a 3 dólares en un club de primera categoría. Esto supuso otro incentivo para mezclar bebidas en casa e impresionar a los amigos haciendo martinis. Después de todo, ya en 1894 el lema de los antecesores de los combinados con ginebra de Heublein los promocionaba como «Un cóctel mejor en casa que el que se sirve en cualquier barra del mundo».

Para aquellos que no se podían permitir ginebra de importación embotellada existía una alternativa: mezclar alcohol industrial y trementina en una bañera, disimulando el gusto nauseabundo con cremas y edulcorantes. «Ginebra» adulterada, aumento del número de mujeres bebedoras, incremento del consumo de alcohol... ¿Nos resulta familiar? Sí, la prohibición fue una auténtica *Gin Craze* estadounidense.

Sorprendentemente, la ginebra elaborada en la bañera no dañó la imagen. De hecho, la ginebra prosperó a partir de 1933. El año siguiente Gordon empezó a destilar en Estados Unidos. Le siguió Gilbey en 1938, mientras que el destilador canadiense Seagram comenzó a fabricar su ginebra en 1939.

Diferente fortuna

Entretanto, en Europa, las cosas se ponían más difíciles para los Países Bajos. En Bélgica los aranceles se cuadruplicaron en 1919, se restringió la venta al por menor a un mínimo de dos litros y se prohibieron las bebidas espirituosas en bares en un intento de frenar el consumo excesivo (esta última medida estuvo en vigor hasta 1985). En la ciudad holandesa de Schiedam, en 1920, sólo sobrevivían 14 destilerías como consecuencia de la negativa a modernizarse. Una gestión menos hábil ante la Prohibición que la emprendida por los destiladores ingleses hizo que cayesen las ventas de ginebra holandesa en Estados Unidos. Si añadimos a esto los efectos de la Gran Depresión y la Segunda Guerra Mundial, la *genever* llegó a la década de 1950 gravemente herida.

Sin embargo, las destilerías de ginebra en Reino Unido prosperaron. La Prohibición aumentó el número de norteamericanos ricos en Europa y, lo que es igual de significativo, el de barmans formados en Estados Unidos. Hay que destacar a Harry Craddock del hotel Savoy (*véase* p. 200) y Harry MacElhone (*véanse* pp. 204 y 208), que empezó su carrera en el New York Bar de París, local que posteriormente llevaría su nombre. Finalmente, Europa se ponía al día con los cócteles, aunque su consumo era menos igualitario que en Estados Unidos.

Un maestro en acción: Harry Craddock llevó los cócteles de ginebra al estilo norteamericano al hotel Savoy londinense.

En Londres los cócteles eran privilegio de los Bright Young Things en sus «cocktail parties» o en su deambular por barras como las del Ciro's, el hotel Savoy y el Café Royal. Los ingleses en el extranjero podían saborear su Straits Sling en Singapur o en el Pegu Club de Rangún (*véase* p. 206). Los bebedores menos adinerados intentaban emular la experiencia con los estuches de Gordon, un cóctel listo para servir (con agitador incluido) o el surtido de premezclas de Beefeater, o simplemente pedían una ginebra y un complemento sencillo: zumo de naranja, cerveza de jengibre, vermú, tónica o Dubonnet.

Tendencias después de la guerra

La Norteamérica posterior a la Prohibición empezó a preferir bebidas más secas, tanto en términos del tipo de ginebra como del estilo de bebida. Se acabaron las brillantes, dulces y cremosas bebidas del siglo XIX y del periodo de la Prohibición, y con ellas las ginebras holandesas y la Old Tom. Mientras, el consumo de ginebra seca no dejaba de aumentar. Comenzaron los gloriosos años del Dry Martini, cada vez más seco y consumido en mayor cantidad: tres en la comida, seguidos de otros en casa o en el bar. El ritmo dinámico y el ánimo resuelto de Estados Unidos en los años cincuenta combinaban perfectamente con el Martini. En

La ginebra de estilo americano se hace de nuevo en Brooklyn.

Gran Bretaña, por otro lado, la mayoría bebía ginebra con agua tónica (una bebida elegante en Estados unidos) o Gin & It, la versión de *pub* del Martinez. Fue lo que pidió mi madre en su primera cita con mi padre. No tenía ni idea de qué era, pero sabía que era sofisticado.

Sin embargo, un desaborido asesino se preparaba para golpear. En 1954 se vendían un millón de cajas de vodka al año en Estados Unidos, con la pretensión de que podía sustituir a la ginebra en cualquier combinado y no dejaba trazas en el aliento. En 1967 sobrepasó a la ginebra. Si la ginebra estaba en declive en Estados Unidos, en Gran Bretaña se había vuelto irremediablemente conservadora, una bebida destinada a clubes de golf y yates (los nuevos «palacios de la ginebra»). En resumen, era la antítesis del «swinging London», el Londres marchoso. Las cosas no iban mejor en Holanda. Durante la posguerra se habían rebajado los impuestos para reconstruir el país, en detrimento de los destiladores que, en la década de 1970, se embarcaron en una guerra de precios suicida que estandarizó la ginebra e hizo pedazos su imagen. Para la mayoría de los bebedores, la *genever*, además de ser barata y al gusto antiguo, tenía casi el mismo sabor que el vodka. El estilo neutro de la «jonge» triunfó, pero fue una victoria pírrica.

Renacimiento de la ginebra

La botella azul fue una sorpresa para todos. ¿En qué estaba pensando Sidney Frank? ¿No en simple ginebra, sino en una premium? En 1987 ese movimiento audaz trajo una nueva generación de ginebra. La Bombay Sapphire (*véanse* pp. 70-71), que era ligera, aromática y atractiva, revitalizó toda una categoría. La regeneración de la Plymout por Charles Rolls (ahora en Fever Tree) se apoyó en ese cambio de rumbo (*véase* p. 104). Destiladores como Desmond Payne de Beefeater (*véase* p. 64), que había mantenido a flote el estandarte de la ginebra en un mar de vodka, fueron justamente elogiados. De nuevo se preparaban bebidas con ginebra en Londres y Nueva York. La gente buscaba sofisticación, clasicismo. El vodka no podía ofrecer eso, la ginebra sí.

A la ginebra holandesa le costó un poco más, pero recientemente –gracias al liderazgo inicial de Bols (*véanse* pp. 171-173 y 178) y sus estrechos contactos con la comunidad mundial de barmans– ha sido tomada en serio otra vez. Comenzaron a aparecer nuevas ginebras casi a diario como consecuencia del aumento del destilado a pequeña escala, en principio en Estados Unidos. Durante décadas, la ginebra fabricada en Norteamérica había sido poco valorada porque, después de todo, la ginebra estaba prácticamente muerta. Los nuevos destiladores a pequeña escala vieron una oportunidad de hacer por la ginebra lo que el movimiento de microcerveceros había hecho por la cerveza: producción local y calidad premium, aunque levantaran algunas ampollas, y obsesión por la historia pero con el futuro en mente.

Ahora se produce ginebra de todos los estilos: ultratradicional, *terroir,* holandesa, reposada en barrica, Old Tom o con una mezcla «democrática» de botánicos, que reduce progresivamente el enebro. En Gran Bretaña han prosperado nuevas ginebras con aroma a enebro -muchas elaboradas en Thames Distillers (*véase* p. 79) o Langlesy (*véase* p. 75)- y existe un creciente número de destilerías que sigue la senda marcada por la primera de ellas, Sipsmith (*véanse* pp. 107-108).

Las ginebras se fabrican de manera artesanal a nivel global, con una nueva consciencia de lo local. Es lo que ocurre con el fynbos (zona de matorral) de El Cabo y la Inverroche sudafricana (*véase* p. 125), los botánicos australianos de West Winds (*véase* p. 135), los de Islay en The Botanist (*véase* p. 73) y la mezcla de ingredientes exóticos y procedentes de la Selva Negra en la Monkey 47 (*véase* p. 130), cuyas complejísimas recetas armonizan misteriosamente con aquellas primeras y extensas exposiciones de herbarios medievales. Al avanzar, la ginebra ha cerrado el círculo.

La ginebra holandesa ha vuelto: la marca Bols se ha alineado estrechamente con la comunidad de los barmans.

PRODUCCIÓN

Algo que me ha intrigado durante un tiempo no ha sido tanto el hecho de que haya tantas nuevas ginebras en el mercado, sino que los nuevos destiladores parezcan pensar que es una tarea sencilla. Fabricar ginebra es más que juntar algunos ingredientes de aroma atractivo y luego destilarlos. De hecho, cuanto más se analiza la ginebra, más complicado resulta todo el asunto.

Hay que tener en cuenta la calidad del alcohol base y ser consciente de la forma y el tamaño del alambique, la velocidad a la que funciona y cuándo detener la extracción. Además, se piensa siempre en términos de aroma: ¿cómo huele cada botánico, añade textura, cuándo se percibe en nariz y boca, cómo interactúa al juntarlo con los otros? ¿Cómo garantizar la consistencia entre remesas si los ingredientes (naturales) cambian?

Cuando pregunté a Sean Harrison de Plymouth Gin acerca de todo esto, me recomendó que leyese dos libros: uno sobre aromaterapia, otro de perfumería. Aprendí mucho, pero no me revelaron el alma de la ginebra. Un destilador se encuentra en un cruce de caminos entre la química y el arte.

Lo que viene a continuación no es una guía para hacer ginebra en casa (dejemos eso a los expertos), pero podría darnos una idea de la complejidad del proceso.

El aroma de la ginebra procede de la destilación de aceites esenciales naturales.

> «[La química orgánica] es la química de la vida y de los productos de los seres vivos [...] [su] aplicación práctica a las necesidades humanas es una de las bases irreemplazables de la civilización moderna.»
> *An Introduction to Perfumery,* Tony Curtis y David Williams

ACEITES ESENCIALES

Los aromas de la ginebra proceden de los aceites esenciales de sus botánicos (*véanse* pp. 34-37). Cuanto más se conocen sus propiedades más maravilloso resulta todo.

El enebro, por ejemplo, debe su identidad a la combinación de un pequeño número de constituyentes principales, y a una cantidad mayor de otros más pequeños. Incluso elementos traza en partes por trillón contribuyen a su efecto total. El enebro tiene elementos cítricos y de rosa, además de pino y alcanfor. El surtido es similar para cada botánico. Hasta la piel de limón huele a naranja.

Durante la destilación esos aromas se evaporan, se mezclan con los procedentes del alcohol y por el alambique asciende un vapor sobrecargado de aromas. Cada uno de los elementos es liberado en un punto diferente. Lo que sucede se asemeja un poco a un loco conduciendo un carro tirado por caballos por un camino pedregoso: eventualmente, la estructura se rompe y se separa. En el caso de los botánicos, los más volátiles (más ligeros) son liberados primero, mientras que los más pesados se liberan más tarde. Al mismo tiempo, estos elementos se ligan con componentes similares de otros botánicos, cogiéndose de las manos mientras ascienden. Juntos construyen la complejidad.

BOTÁNICOS

Enebro *(Juniperus communis)*

Este botánico, el único esencial en la ginebra, crece en Europa, Asia y Norteamérica. Las principales áreas de producción son la región italiana de Toscana y Macedonia, además de Serbia, Bulgaria y Escandinavia.

Las diferencias en el impacto aromático *vintage* y *terroir* de las «bayas» (en realidad, no son bayas sino conos de escamas blandas que contienen semillas ricas en aceite) implican que los destiladores necesitan controlar atentamente la calidad y el carácter de sus enebros para garantizar la consistencia del aroma. Con un aroma central fácilmente identificable a pinar intensamente perfumado (aportado por el alfa-pineno), las huellas aromáticas del enebro se despliegan en cítricos, lavanda, alcanfor, trementina, flores silvestres, brezo, frutos y resina, una cualidad permanente que se mantiene a lo largo de la ingesta de la ginebra.

El conocimiento del enebro aporta una visión de cómo se elabora una receta botánica mediante armónicos, refuerzos y contrapuntos. Todo hace referencia a él. Sin el enebro, el centro de la ginebra no se mantendría y la anarquía prevalecería sobre el espíritu.

Semillas de cilantro *(Coriandrum sativum)*

Es para el enebro lo que Robin para Batman. Procede de una extensa zona que se extiende desde Marruecos, atraviesa Rumanía y Moldavia y llega hasta Rusia e India. Este último país produce el más fuerte, Marruecos el más aromático.

El linalol es el componente que otorga a las semillas de cilantro su punto cítrico, que tiende hacia hierba limón o citronela. Por debajo hay jengibre, tomillo, un toque floral (comparte el geraniol con el enebro), a bálsamo y a tierra almizclada. Así, podemos ver cómo las semillas de cilantro combinan con el enebro, además de añadir notas altas al aroma.

En la fabricación de ginebra se puede usar –y se usa– un amplio surtido de botánicos.

Las semillas de cilantro son fiables compañeras del enebro.

Angélica *(Angelica archangelica)*

Miembro de la familia de la zanahoria, se cultiva comercialmente en Sajonia y Flandes. La parte de la planta más empleada en la ginebra es la raíz seca. La impresión inicial es la de un paseo por un bosque mixto seco, una amalgama de polvo, tierra y madera. Es la clara demostración de su utilidad como nota base, ya que sus moléculas más grandes aferran las más volátiles y excitables, equilibrando e integrando más elementos perfumados, además de añadir sequedad.

La angélica guarda unos cuantos trucos bajo la manga. Olámosla de nuevo: hay también pino, una nota herbal, cierta dulzura y el aroma sofocante de la salvia, lo que produce el efecto global de un rayo de sol a través de un bosque. Interviene en una serie de licores (Chartreuse, Bénédictine y vermú) y permite tender puentes aromáticos en los cócteles.

Algunos destiladores utilizan las semillas, que recuerdan la brillantez oleosa cítrica/floral del lúpulo (*véase* p. 38) y por debajo una nota añadida de apio.

Orris, raíz de lirio o de iris barbado *(Iris pallida; Iris germanica)*

La raíz del también conocido como iris dulce se cultiva en Toscana, Marruecos, China e India. Las raíces se recogen a mano, se secan durante tres años para permitir la oxidación de los aceites y se reducen a polvo. El absoluto de raíz de lirio (una forma de concentrado de aceite esencial) es uno de los ingredientes más caros en perfumería, donde, al igual que en la ginebra, es muy apreciado, menos por sus propiedades aromáticas que como fijador. Se evapora lentamente, retiene los elementos volátiles y se une con ellos.

Sin la cantidad correcta de raíz de lirio y/o angélica, el aroma de una ginebra (o el olor de un perfume) se esfumaría. Tiene una función delicadamente aromática, que fluye con discreción, tardía en boca, con añadido de violeta (imaginemos las violetas de Parma), heno y tierra seca.

Cítricos *(Citrus)*

Todo el mundo conoce la chispa fresca, ácida y dulce de los cítricos. Despiertan el olfato, aportan energía y dejan entrar la luz del sol. Son las mismas cualidades que hacen de ellos un elemento tan importante en la ginebra. Antes de que proliferase su uso, las notas altas de la ginebra las aportaban el cilantro y el enebro en los primeros puestos.

Las pieles de limón y otros cítricos añaden impulso aromático a la ginebra.

Se emplea una amplia gama de pieles de cítricos (en ocasiones la fruta entera), siendo el limón y la naranja los más comunes. Normalmente proceden del sur de España.

Limón *(Citrus limon)* añade su punto intenso, limpio, ácido, como de sorbete (por cierto, su nombre es citral), con inmediatez. Los volátiles aparecen deprisa y desaparecen casi igual de rápido.

Naranja amarga *(Citrus aurantium)* aporta un toque intenso y ligeramente amargo, que añade audacia y mejora el paso de boca de una ginebra.

Naranja dulce *(Citrus sinensis)* es utilizada sobre todo por Plymouth (*véase* p. 104) para añadir un gusto dulce (no es de extrañar, dado el nombre) y permanencia en boca.

Más recientemente, se han empleado el pomelo (muy fresco y dulce) y la pampelmusa (cimboa o pomelo chino, más verde y suave que el pomelo), la bergamota (aroma amargo/dulce muy intenso con vínculos florales con el cilantro), el yuzu (intensísima fragancia) y la lima. La lima está químicamente ligada al enebro, lo que puede explicar por qué va tan bien en el Gin-tonic.

Raíz de regaliz *(Glycyrrhiza glabra)*

La raíz seca y molida de regaliz, procedente en su mayor parte de Indochina, es otro de los activos que hay detrás de la ginebra. El anetol es el principal compuesto aromático (*véase* anís estrellado, siguiente página), aunque los destiladores de ginebra lo emplean por su ácido glicirícico, el elemento que le da dulzura. Teniendo en cuenta que el regaliz es 50 veces más dulce que la sacarosa, y el azúcar no se destila, esto es lo que aporta a la ginebra su dulzura, llena la boca, suaviza los botánicos más secos y añade textura. En ella, pues, reside la armonía.

Corteza de casia *(Cinnamomum aromaticum)*

Semilla de un árbol que crece en Vietnam, China y Madagascar. Combina el toque especiado con uno amargo y ligeramente seco, que tiene una nota resinosa/medicinal. La canela de Ceilán o canela verdadera *(Cinnamomum verum),* con su calidez y dulzura, es más identificable de manera inmediata. Ambas aparecen en mitad del aroma y ayudan a realzar las notas florales.

Almendra *(Prunus dulcis)*

Los destiladores de ginebra emplean dos tipos de almendras. La más tradicional es la almendra amarga (var. *amara*), que aporta una nota distintiva a mazapán, junto con un sutil sabor a nueces y un poco a cereza. La dulce (var. *dulcis*), que ofrece una nota melosa y almendrada, contribuye a suavizar la sensación en boca. Las almendras se cultivan y cosechan en el Mediterráneo, el norte de África y California.

Especias

Anís *(Pimpinella anisum)*

Es el anetol el que da al anís su característico gusto a regaliz (aunque curiosamente el regaliz no sabe tan fuerte). Similarmente aromáticas son las semillas de hinojo *(Foeniculum vulgare)*, que aportan una nota más parecida a la alta del limón. Algunos destiladores utilizan también el cálido e intenso anís estrellado *(Illicium verum)*.

Cardamomo *(Elettaria cardamomum)*

Las dos principales fuentes de aromáticas semillas verdes de cardamomo son Mysore y Malabar, en India. La última incorpora una nota a eucalipto, casi mentol, mientras que el cardamomo de Mysore ofrece una nota más cálida, aromática, cítrico-floral, gracias a nuestro amigo el linalol. Es otro botánico que liga y expande, aunque es necesario emplearlo con mesura. El cardamomo negro *(Amomum subulatum)*, que tiene un aroma más profundo y ahumado, se usa menos para aromatizar ginebras.

Las vainas de cardamomo empleadas para aromatizar la ginebra se recolectan a mano en la India.

Bayas de cubeba *(Piper cubeba)*

Miembro de la familia de la pimienta (género Piper), se llama también pimienta de Java por ser el lugar en el cual crece. Las bayas poseen el mismo punto acre que la pimienta negra, pero con un tono floral más alto, un toque de rosa (debido al geraniol), un poco de cítrico y es picante en boca. También se aprecia una pizca de pino, lo que las convierte en la combinación perfecta para añadir vitalidad en boca.

Jengibre *(Zingiber officinale)*

El jengibre, de aroma familiar y denso, aporta contrapeso y un toque seco, con final aromático.

Granos de paraíso o pimienta de Guinea *(Aframomum melegueta)*

Especia nativa del oeste de África, obtenida de una planta perteneciente a la familia del jengibre. A nivel aromático, ayudan a realzar los elementos cítrico-especiados del cilantro, mientras comparten con el cardamomo una similar calidez mentolada-cítrica. Hay incluso una nota de lavanda, que apunta hacia el enebro.

Flores como las del saúco se han convertido en ingredientes botánicos populares.

Nuez moscada *(Myristica fragrans)*
Una especia caliente fácil de identificar. Incluye pineno en su composición y también guarda relación con el cardamomo y la casia.

Herbáceas y flores

Laurel *(Laurus nobilis)*
Esta especia, habitual en la cocina, empieza a aparecer en las ginebras americanas. Posee una acritud verde con una ligera nota a pino y clavo, que se codea con el eucalipto y liga bien con los elementos más resinosos del enebro.

Manzanilla o camomila *(Anthemis nobilis)*
Comienza a ser muy utilizada en las ginebras florales, ya que contribuye a ampliar todavía más la gama aromática. Las flores secas aportan una atractiva nota alta a heno, manzana y soñolienta tarde estival.

Flor/baya de saúco *(Sambucus nigra)*
Otro aroma floral cada día más popular. Las flores secas de saúco añaden un elemento meloso a la ginebra. En las ginebras americanas también se usan las bayas.

Geranio *(Pelargonium)*
Las hojas de los geranios han sido muy utilizadas en perfumes y bebidas durante siglos. Los cuencos para el ponche se cubrían con ellas para añadir su perfume a la mezcla. Los aromas van desde la piña, pasando por el limón y la menta hasta la rosa (gracias al geraniol), presente en muchos otros botánicos de la ginebra incluido el enebro. El geranio incorpora notas medias.

Lúpulo *(Humulus lupulus)*
En las antiguas recetas de ginebra, era el aroma del lúpulo lo que aportaba el contrapeso. Existen 129 variedades de esta planta con flor, con aromas que van de cítricos a frutas, hierba y pino. El lúpulo ofrece notas altas.

Ulmaria o reina de los prados *(Filipendula ulmaria)*
Dulce pero penetrante, con un poco de almendra y en ocasiones un toque de gaulteria. Esta herbácea perenne posee su propia nota alta, que recuerda una mezcla de mantequilla caliente y miel.

DEFINICIONES LEGALES

La ginebra debe estar hecha de alcohol etílico aromatizado con bayas de enebro y otros botánicos. El aroma predominante debe ser el del enebro y ha de ser embotellada a no menos de 37,5% de graduación alcohólica.

Ginebra (ginebra)
Se hace añadiendo saborizantes/aromatizantes naturales o artificiales permitidos al alcohol. No hay restricciones en cuando a colorantes o edulcorantes.

***Distilled gin* (ginebra destilada)**
Se hace destilando de nuevo alcohol o espíritu neutro con saborizantes/aromatizantes naturales o artificiales aprobados. Tras la destilación, se puede añadir más alcohol etílico de la misma composición. También se pueden añadir en este punto otros saborizantes/aromatizantes naturales o artificiales permitidos. Se admiten los colorantes y edulcorantes.

***London dry* (ginebra inglesa)**
Se hace en alambique tradicional mediante destilación fraccionada de alcohol etílico de alta graduación, sólo con los saborizantes/aromatizantes naturales aprobados hasta una graduación mínima del 70%. Después de la destilación se puede añadir más alcohol etílico, siempre que sea de la misma composición.
No se permiten colorantes ni edulcorantes.

***American gin* (ginebra norteamericana)**
En Estados Unidos se puede producir ginebra «a partir de la destilación original de la mezcla, destilación fraccionada o mezclando alcoholes neutros con bayas de enebro y otros aromatizantes, o con extractos de dichos materiales. Extrae su aroma característico de las bayas de enebro y es embotellada con no menos de 80° [40% de graduación alcohólica]».

PGI (ginebra con Indicación Geográfica Protegida)
Las ginebras de Mahón (Menorca) y de Vilnius Dzinas (Lituania) poseen el sello de Indicación Geográfica (IGP). Las ginebras de Plymouth (*véase* p. 104) tienen su IGP pendiente de reexaminar en 2015.

***Genever* (ginebra holandesa)**
Hecha con alcohol etílico/cereales fermentados/destilado aromatizado con enebro, que no tiene que ser el aroma predominante.
Las barricas no deben ser mayores de 700 litros.

Graanjenever Esta hecha en su totalidad de cereal fermentado.

***Oude* genever** Contiene un mínimo de un 15 por 100 de vino de malta y no más de 20 g de azúcar por litro.

Korenwijn Contiene más de un 51 por 100 de vino de malta.

Oude graanjenever Hecha en su totalidad de grano y envejecida un mínimo de un año.

Jonge genever Contiene un máximo de un 15 por 100 de vino de malta y no más de 10 g de azúcar por litro.

Las siguientes también poseen su propia denominación de origen controlada (DO/DOC/AOC): Hasseltse *jenever,* Balegemse *jenever,* Peket y O'de Flander Echte Oost-Vlasmse *graanjenever* (Bélgica); *genièvre* Flandres Artois (Francia); Ostfriesischer Korngenever (Alemania).

DESTILACIÓN DE LA GINEBRA

> La ginebra no está hecha de moléculas. Está hecha por personas.
> Sean Harrison, maestro destilador, Plymouth Gin

En la música electrónica el término ADSR (Attack Decay Sustain Release) –ataque, decaimiento, sostenimiento y relajación– se utiliza para definir la longitud y las propiedades de una nota desde el momento en que resulta audible hasta que el sonido se apaga. Ocurre lo mismo en la destilación de la ginebra: cada una de las partes integrantes se suceden en cascada en la caja de seguridad como una matriz musical de aromas.

Cuando olemos el flujo de un alcohol, primero aparece el volátil cítrico, fundiéndose con el enebro antes de que se impongan las especias y por último las raíces. En realidad, dado que los elementos de un botánico son compartidos por otros, se solapan, como si fueran acordes en lugar de notas individuales. Para permitir la plena expresión de todos los botánicos, la destilación ha de ser lenta.

Al inicio del proceso se separan las «cabezas», que contienen el residuo de una destilación previa. El destilador realiza entonces el corte medio (los aromas más ligeros aparecen al comienzo, los más pesados al final). Antes de que los aromas se vuelvan demasiado grasos –o en un punto que convenga al equilibrio de la ginebra– se hace otro corte, el de las impurezas o «feints» (las indeseadas «colas» al final de una destilación). Estas se mezclan con las «cabezas» y se destilan de nuevo para obtener alcohol neutro.

El destilador debe pensar en el equilibrio del conjunto y en cómo cada botánico interactúa con su vecino, cuáles influyen en la amplitud, complejidad y evolución aromáticas. Si se varían las proporciones entre los ellos, se altera la compleja red de equilibrios. Es una muestra espirituosa del principio budista de la interpenetración de todas las cosas. Saber cómo se comporta una mezcla de botánicos determina cómo destilarla, el ritmo de flujo en el alambique y cuándo hacer el corte.

En el centro está el enebro. Sus notas cítricas son respaldadas por las de las pieles y las notas altas de las semillas de cilantro; la gama media de pino por la angélica; la cola por la calidez de especias y madera. Actúa, como dice Desmond Payne de Beefeater, «como el lavado en un lienzo».

Todos estos botánicos son naturales. El aceite en el enebro variará, igual que la intensidad de las pieles de los cítricos, y la naturaleza de las semillas de cilantro cambia según el lugar donde han crecido. Un destilador debe controlar y ajustar siempre una receta para mantener la consistencia de la misma. No puede hacerlo un ordenador. Son maestros que conocen el olor de cada botánico, saben cómo se comportará en una mezcla, cómo evolucionará en la boca y en un combinado. Ellos son los héroes de esta historia.

La base

La mayoría de las ginebras son redestiladas en un alcohol base, que ha sido destilado con alta graduación (en torno a 96 por 100 de base mínima de alcohol inicial) y luego mezclado con agua para reducirlo al 60 por 100. La base no es realmente neutra; tiene una influencia. Es difícil apreciar la diferencia entre tipos de cereales, pero todos ofrecen un resultado redondo, a veces mantecoso. El efecto aromático de una manzana, una patata o alcohol de uva es más evidente. La base de baja potencia para alambique usada por algunas de las nuevas ginebras tiene una incidencia mayor y hace que se parezcan más a las de estilo holandés (*véase* p. 11). Si la base cambia, lo mismo hace la ginebra.

Alambique

La mayoría de las ginebras se vuelven a destilar con sus botánicos en alambiques de cobre. La forma del alambique influye: la «cubierta» (espacio lleno de vapor entre el condensador y el líquido) afecta al modo en que el aroma asciende, se mueve, revierte al líquido y es destilado de nuevo (reflujo). Si un destilador instala un

La ginebra se hace destilando dos veces en un alambique un alcohol base neutro con botánicos.

nuevo alambique tendrá que ajustar la proporción de botánicos para conservar la consistencia. La velocidad de destilación también afecta a la adecuada liberación de los aceites, la naturaleza del flujo y el nivel de reflujo. Si un alambique se maneja de forma agresiva, los botánicos pueden «chocar» físicamente, así que cuanto más despacio mejor. La manera en que se añaden los botánicos también influye en el carácter de la ginebra.

Remojar y hervir

Algunos destiladores, como Beefeater (*véanse* pp. 63-64) y Sipsmith (*véanse* pp. 107-108), remojan los botánicos durante un periodo antes de la destilación. Creen que esto fija los aceites y añade riqueza. Otros, como Gordon's (*véanse* pp. 87-88) y Plymouth (*véase* p. 194), los añaden antes de la destilación, porque aseguran que preservan la brillantez. La disminución de las notas altas del enebro en reposo prolongado quizá sea una de las razones por las que esas ginebras tienen más cítricos en su mezcla de botánicos. Otros, como Citadelle (*véanse* pp. 118 y 158), maceran los botánicos solos o combinados durante distintos periodos de tiempo, ya que cada aceite liberará por completo sus extractos a diferente ritmo.

Destilación individual y mezcla

Algunos destiladores, como Gin Mare (*véase* p. 128) y G'Vine (*véanse* pp. 122-123), destilan cada botánico (o combinaciones) por separado y luego mezclan los destilados. Sostienen que esto les permite elaborar un producto más consistente. Otros afirman que así se pierde la interacción entre elementos en el alambique. Algunos, por ejemplo Tanqueray N.° TEN (*véase* p. 111), destila un elemento del producto final por separado y luego lo vuelve a destilar con los otros botánicos.

Extracción de vapor

En lugar de sumergir los botánicos en el alcohol, los destiladores pueden extraer los aceites esenciales haciendo pasar vapor a través de ellos.

Alambique Carter-Head

En 1831, Mary Dakin instaló una cubierta Corty y luego un alambique Carter-Head en la destilería de su familia en Warrington (*véanse* pp. 19 y 22), en la actualidad Greenall's (*véase* p. 89). Ambos sistemas contaban con una columna de rectificación sobre el depósito, que producía un alcohol más ligero y limpio. La traba era que eliminaba muchos de los aceites esenciales.

Los alambiques Carter-Head y Bennett de la destilería Hendrick en Girvan, Escocia.

Otro método para extraer aromas es el de las bandejas para bayas, ¬¬como las utilizadas por Caorunn.

La solución fue colocar los botánicos en una cesta de cobre perforada detrás de la columna. El vapor que la atravesaba extraía los aceites y los impulsaba hacia delante para su condensación. Aún se utiliza esta técnica para ginebras como la Bombay Sapphire (*véanse* pp. 70-71).

Las cestas se dividían en segmentos, cada uno lleno de botánicos, los más gruesos en la base y los molidos en la parte superior. Era preciso un giro más amplio de los «cabezales», porque los botánicos tenían que ser humedecidos antes de liberar sus aceites. La ventaja, de acuerdo con sus defensores, es que aporta frescura a la ginebra final. Los detractores aseguran que el empleo de este único método no «fija» por completo los aromas.

Bandejas para bayas

Una técnica diferente, empleada por Caorunn (*véase* p. 78) y Boë (*véase* p. 68), utiliza una gran cámara separada en bandejas con placas perforadas en las que se colocan los botánicos. A continuación se hace pasar a través de ellos el vapor del alcohol.

Otras técnicas de destilación

Algunas ginebras, como The Botanist (*véase* p. 73), Sipsmith V.J.O.P. (*véase* p. 108), Hendrick's (*véase* p. 92) y Monkey 47 (*véase* p. 130), combinan las técnicas de remojo y vapor, sumergiendo los botánicos en alcohol y pasándolos a cestas o, como Hendrick's, mediante un alambique Carter-Head y otro estándar.

One-shot versus concentrado

El primer proceso implica que los destiladores recogen el corte intermedio de una destilación, lo reducen con agua y lo embotellan. La alternativa es añadir el exceso de botánicos y reducir después el concentrado resultante con alcohol etílico.

Vacío

Aunque la destilación al vacío de aceites esenciales existe desde el siglo XVIII, es una técnica relativamente reciente en la destilación de ginebra. Al reducir la presión en el interior del alambique, baja el punto de ebullición de todos los ingredientes. Entonces, los aceites pueden liberarse sin que los botánicos «cuezan», lo que da un resultado claro y fresco. Los modernos depósitos de cristal para vacío, como los usados por Sacred (*véase* p. 106) y Cambridge (*véase* p. 77), permiten al destilador atrapar correctamente la gama aromática completa de un ingrediente. Ambas casas destilan los botánicos por separado y luego los mezclan. Una alternativa, utilizada

En la producción de ginebra holandesa se fermenta primero una densa mezcla.

por Oxley (*véase* p. 103), es destilar los botánicos juntos al vacío a temperaturas extremadamente frías.

Extracción supercrítica de fluidos (SFE)

Esta técnica, empleada por la industria perfumista para aislar moléculas específicas, fue primero usada en la ginebra por Hepple, la destilería de Northumberland. Aumentando la presión sobre el CO_2 se convierte en un líquido «supercrítico», que actúa como solvente de los botánicos introducidos en él. Tras filtrar el CO_2 y aliviar la presión, los aceites esenciales -o compuestos de los mismos- pueden ser extraídos. También se capturan algunos que se pierden en la destilación normal.

Esencias

Algunas ginebras añaden la esencia de botánicos naturales después de la destilación, como en el caso de Hendrick's y sus esencias de rosa y pepino (*véase* p. 92).

PRODUCCIÓN DE *GENEVER*

La producción tradicional comienza con la preparación de un vino de malta ricamente aromatizado y con mucha textura elaborado, según la costumbre, con una mezcla de centeno, trigo y/o maíz y cebada malteada. Destiladores como Filliers (*véanse* pp. 170 y 177), que produce el 99 por 100 del vino de malta en Holanda y Bélgica, operan con diferentes porcentajes de los cereales empleados.

El maíz y/o trigo son cocidos primero a alta temperatura para ablandar el almidón. A continuación se enfrían y se añade el centeno. Tras una nueva cocción se incorpora la cebada malteada. Las enzimas de la cebada convierten en azúcar el almidón. Esta mezcla se vuelve a enfriar, se incorpora la levadura y se deja fermentar hasta una semana. Normalmente se usa levadura de repostería, aunque Zuidam (*véanse* pp. 174-176 y 179) utiliza una combinación de levadura de cerveza y destilación.

La cerveza resultante es luego destilada, tradicionalmente en alambiques (como en Zuidam), tres veces (similar a la producción de whisky de malta). En el caso de Zuidam esto da un vino de malta complejo y afrutado, con un contenido alcohólico de alrededor del 70 por 100. Una alternativa, como la empleada en Filliers, es hacer pasar la cerveza a través de una sola columna y redestilarla en alambique (parecido a la producción de *bourbon*). Esto ofrece un vino de malta con más sabor a panificadora, cereal acentuado y baja potencia. En los dos casos, el carácter de esta base tendrá gran impacto en términos de sensación en boca, aroma y sabor.

Todos los destiladores de *genever* vuelven a destilar una porción del vino de malta en alambiques, esta vez con botánicos, y de acuerdo con la receta de cada marca. Algunos también hacen un destilado separado de enebro y alcohol neutro. Todos estos elementos son luego combinados. En el caso de Filliers, el vino de malta se envía después a los destiladores o se convierte en ginebra, según las especificaciones de sus clientes.

El destilado puede ser reducido hasta la graduación de embotellado, o reducido y envejecido. Lo más común es mezclarlo con espíritu neutro, ya sea de melaza de trigo o remolacha azucarera. El estilo *jonge* contiene un mínimo de 85 por 100 de alcohol neutro en la mezcla (con frecuencia más). Las ginebras *oude* han de tener más de un 15 por 100 de vino de malta, pero muchas poseen hasta un 40 por 100 o, en el caso de la *korenwijn,* bastante más (*véase recuadro* p. 39). Cuanto más vino de malta tenga, más carácter posee la ginebra.

Las mezclas *oude* pueden ser envejecidas, normalmente por un periodo corto, aunque en ocasiones se prolonga 20 años. La mayoría reposan en barricas usadas, pero Zuidam utiliza una compleja mezcla de nuevas barricas americanas, rellenadas y de jerez.

¿Todavía hay quien piensa que destilar ginebra es fácil? ¡Más le vale pensárselo dos veces!

La destilación en alambique contribuye a crear la rica base de la ginebra holandesa, el «vino de malta».

CÓMO USAR ESTE LIBRO

El reto no es tanto por dónde empezar como dónde parar. El número de ginebras hoy disponibles supera todo en la historia del alcohol. Así que las escogidas, además de abarcar las marcas más difundidas, deben ser representativas de nuevas incorporaciones, métodos de producción, lugares de origen y estilos: *dry,* Old Tom, envejecida, afrutada, *genever,* debe quedar todo cubierto.

No se trata de una competición. No tiene sentido hacer una lista de las «mejores ginebras» –si eso fuera posible– y no contar cómo sacar el mejor partido. El objetivo es ver cómo se comportan las ginebras cuando se consumen como se debería, por ejemplo en combinados.

Beber ginebra es algo más que añadirle agua tónica. La ginebra es ante todo flexible, funciona con muchas mezclas y en cócteles. ¿Cómo responde cada una al desafío planteado por el vermú dulce y el Campari, una pareja que haría palidecer a la mayoría de los espirituosos? ¿Y cómo les irá si se ven más expuestas en un Martini? ¿Cuál es el mejor modo de saborear las ginebras afrutadas, Old Tom, envejecidas en barrica y holandesas?

La clave es contribuir a maximizar el disfrute, de modo que si estamos en un bar o en una tienda y no encontramos nuestra marca favorita, contemos con otras opciones. Además, como auténticos bebedores de ginebra, no tendremos una única favorita, sino ginebras para diferentes ocasiones y combinaciones. Antes de empezar a mezclar, tengo que enfrentarme a solas con la ginebra.

SISTEMA DE PUNTUACIÓN

5* **Lo mejor.**
Síntesis perfecta de ginebra y refresco. Todo el mundo necesita tener al menos una de estas.

5 **Soberbia.**
Elegante, natural, logra un perfecto equilibrio que refuerza la ginebra.

4.5 **A medio camino entre una bebida soberbia y una estupenda.**

4 **Estupenda.**
No se le pueden poner pegas. Estaría contento de beber algo así cada noche.

3.5 **A medio camino entre una estupenda y una buena.**

3 **Buena.**
Una bebida adecuadamente equilibrada. Tomaré una. Después pasaré a algo distinto.

2.5 **A medio camino entre una buena y una regular.**

2 **Regular**
Busquemos otra opción.

1 **A evitar.**

X **Hay algunas ginebras con las que no funcionan las mezclas.**

Las puntuaciones corresponden a la combinación y no a la ginebra. Que una ginebra no puntúe alto en una mezcla no es un reflejo de su calidad. Leamos las notas para encontrar nuestras propias combinaciones.

SABOREAR LA GINEBRA

Saborear una ginebra exige un recalibrado de los sentidos. Otras bebidas espirituosas -ron o whisky, por ejemplo- a menudo funcionan por alusiones, como cuando poseen un aroma que recuerda, por ejemplo, a «brezo», «miel» o «fruta tropical». No existe ese margen creativo en la ginebra. Los aromas que percibimos proceden de los botánicos. Por un lado es más analítica y precisa, pero por otro supone una inmersión mayor, porque oler y probar una ginebra nos transporta a un nuevo paisaje aromático. Enfrentémonos a la realidad: ¿cuántos de nosotros descubrimos realmente raíz de lirio o angélica como norma, sin hablar de los botánicos más extravagantes ahora presentes? Lo que la experiencia nos ofrece, sin embargo, es un mayor conocimiento y compromiso. Esos aromas no son artificiales, sino naturales.

La manera en la que una ginebra cambia en nuestra nariz refleja exactamente la progresión aromática desde el alambique. Captamos primero los elementos más volátiles, por último los más pesados. Es tiempo lo que olemos. Relajémonos y ahondemos en sus complejidades. Más que simple «ginebra», experimentamos esa oleada inicial de cítricos: limón, naranja, pomelo o una combinación. Pero, ¿dónde están las semillas de cilantro? ¿Cómo se expresa el enebro? ¿Cuándo emergen las raíces y especias? Es una experiencia retronasal, lo que significa que detectamos más aromas cuando la ginebra está en la boca. Entonces podemos apreciar claramente cómo se funde un aroma con otro, cómo se elevan y descienden.

La clave es equilibrio, no abruptos picados de uno a otro. Pensemos en la textura: ¿densa, amplia, ligera? Volvamos a la copa. ¿Han cambiado los aromas o sencillamente han escapado (deberían tener persistencia)? Por último, ¿domina el enebro, es cítrica, especiada, floral o herbal? Llegar a comprender cada ginebra nos dará una idea de cómo disfrutarla al máximo.

CAMPOS DE SABOR

Cada ginebra es única. Al mismo tiempo, sin embargo, se reúnen en asociaciones que comparten intereses y características. Esta agrupación de las ginebras permite encontrar la que nos gusta y desplazarnos entre ginebras del mismo grupo con confianza.

La ginebra no tiene un corte tan claro como otros espirituosos. Sus complejidades nunca permiten (o no deberían permitir) que un aroma imponga su presencia mientras sus compañeros susurran en voz baja en un segundo plano. Por el contrario, se produce un fascinante efecto tornasolado. Aunque se adelante el enebro, no podemos ignorar la influencia de cítricos o raíces. Por eso, en ocasiones propondré un segundo término para describir un campo de sabor.

De enebro o clásicas

Estas ginebras son las más «tradicionales», aunque algunas proceden de nuevos productores, con plena expresión del enebro. El aroma inicial, repleto de pino, brezo y lavanda, continuará teniendo la voz principal en boca. Si queremos entender de dónde viene la ginebra, o incluso a qué huele el enebro, comencemos por aquí.

Cítricas

Las pieles de cítricos empezaron a ser muy usadas desde mediados del siglo XIX. Los ejemplos clásicos de este grupo proceden de esa época, pero no se trata de una característica que se limite a un único periodo. Las pieles de cítricos elevan aquí el aroma, pero las semillas de cilantro les siguen de cerca. El enebro mantiene su importancia. Son más frescas que ligeras.

Especiadas

Un estilo más moderno, en el que se evidencia el toque picante de las semillas de cilantro, al igual que su cohorte de casia/canela y pimientas. Se reduce la intensidad del enebro.

Florales

Un importante grupo nuevo. Estas ginebras poseen un aire fragante y perfumado, debido a las flores presentes en la mezcla de botánicos o a causa de la reducción del enebro y las raíces, en ocasiones poco más que una traza. Las ginebras con un elemento herbal, aunque ligeramente más enfáticas, se incluyen en este grupo.

Sin categoría

Dado que las ginebras Old Tom, envejecidas en barrica y aromatizadas, así como las holandesas, poseen sus propios estilos, no han sido subdivididas en bandos aromáticos.

El Negroni, el rey de los combinados, siempre debe estar bien equilibrado.

PROPORCIONES NEGRONI

Algunos dicen que las proporciones de los cócteles están escritas en piedra y que alterarlas equivale a hacer dibujos obscenos en los márgenes de una Biblia. ¿Por qué cambiar algo que es prácticamente perfecto? Porque está en la naturaleza humana y también, en este caso, por la necesidad de demostrar las dos directrices fundamentales de cualquier combinado: complejidad y equilibrio.

El Negroni es una bebida a base de ginebra con algunos acompañantes alborotadores, que pueden irrumpir groseramente en la barra cantando a voz en grito: el vermú balbucea con voz de barítono, el Campari parece una *drag queen* de cabellos color fuego. Quizá sea entretenido, pero deberían bajar el tono. Dar con el equilibrio ideal es difícil, no sólo por su presencia sino porque cada ginebra es diferente. Algunas son llamativas, otras discretas. Mientras Tanqueray mantiene el tipo en una proporción clásica (*véase* p. 110), una ginebra delicada como Bombay Sapphire está perdida (*véanse* pp. 70-71). Así, hay que ajustar las proporciones para preparar una bebida equilibrada con ginebra. Todas las proporciones se refieren a ginebra:vermú:Campari.

N1

1:1:1 Proporción clásica, perfecta para las ginebras más intensas y con el enebro como primer elemento aromático, ya sea porque la ginebra es lo bastante fuerte para imponerse o porque es capaz de meter a sus amigos en cintura.

N2

1½:1:1 Esta proporción se ajusta a las ginebras cítricas (y algunas otras). La clave es que se retengan y realcen la frescura y las notas altas.

N3

2:1:½ Una proporción para ginebras herbales y más especiadas, cuyo sabor en boca es su clave. Hay que rebajar el volumen de Campari; de otro modo su amargor y especias provocan un choque.

N4

2:1:1 Una mezcla para el grupo ligero y floral, con la ginebra en primer plano. Aunque pueda parecer contradictorio aumentar la dosis de Campari, sus notas altas contribuyen al equilibrio en este caso.

La tónica Fever-Tree posee el equilibrio ideal entre burbujas, dulzura y quinina.

COMBINADOS

Agua tónica

La quinina, señala Fiammetta Rocco en su libro *The Miraculous Fever-Tree,* fue «la primera auténtica droga farmacéutica del mundo moderno». Originalmente extraída de la corteza de la cinchona peruana (árbol de la quina) en la década de 1630, se tomaba al principio en forma de polvo añadido al vino para tratar las fiebres. Un siglo más tarde era administrada como tintura y considerada un remedio para todo. En 1809, durante las guerras napoleónicas, una expedición británica a Walcheren, en Holanda, fue golpeada por la malaria, lo que demostró la necesidad que tenía el ejército de llevar suministros de quinina. En 1823, la compañía con sede en Filadelfia Rosengarten & Sons empezó a producir extracto de quinina a escala comercial, que era suministrada en píldoras a los obreros en zonas afectadas por la malaria. El ejército británico, sin embargo, mantuvo la forma líquida y en los años 1850, en India, las tropas contrarrestaban el extremo amargor de la quinina con azúcar... y ginebra. En respuesta, en 1858 Erasmus Bond produjo la primera agua tónica comercial, seguido veinte años después por Jacob Schweppe.

Al hacerse popular la mezcla, se redujo el contenido de quinina en el agua tónica a un nivel en que sólo aportaba aroma. ¿Por qué el Gin-Tonic continuó siendo una bebida británica hasta la década de 1960? Quizá porque los norteamericanos tomaban su quinina en forma de pastillas.

Para mí, Fever-Tree es la tónica que realza a la perfección la ginebra. La quinina procede de la frontera entre Ruanda y Congo y la naranja amarga de Tanzania. Endulzada con azúcar natural (en vez de aspartamo o sacarina), el carbonatado es suave. Es un refresco limpio, ligeramente cítrico, equilibrado.

Sicilian Lemonade

¿Una perversión? Empecé con ginebra y *bitter lemon* de Schweppes. Luego, en España, descubrí la combinación de ginebra y Fanta limón. Lo siguiente fue recordar las sencillas ginebras primitivas que incorporaban zumo de limón exprimido. Cuando concreté las cosas positivas de cada opción, en el centro quedó la Sicilian Lemonade de Fever-Tree. Es menos dulce que la Fanta, con más sabor a limón que el *bitter lemon,* menos ácido que el zumo. Final del juego.

Vermú

Considero el vermú con ginebra como una evidencia de la teoría de Einstein de la «acción fantasmal a distancia». Incluso separados, siempre han estado ligados; cuando uno se mueve, también lo hace el otro. Si la historia (y el nombre) de la ginebra es la del enebro, la saga del vermú corresponde a la del ajenjo (*Wermut* en alemán), utilizado como hierba curativa. Su hogar espiritual es la región italiana de Piamonte -más concretamente, Turín-, donde un cordial con ajenjo *(hippocras)* se convirtió en una especialidad en el siglo XVI, aunque hallazgos de residuos en vasijas de bronce en China demuestran que el vino era aromatizado con hierbas y especias desde hace al menos 3.000 años. El vermú «moderno» data de 1786, cuando Antonio Carpano lanzó en Turín su primera versión. Con el tiempo se difundió más allá del Piamonte, a través de los Alpes, hasta Chambéry y el sur del Ródano donde, en 1813, Joseph Noilly comenzó a producir la versión francesa. A mediados del siglo XIX se exportaba el vermú, pero en Estados Unidos continuó siendo sólo para gustos especializados hasta que los mixólogos empezaron a preparar combinados con él. En compañía de la ginebra cambiaba radicalmente. Por separado habrían resultado interesantes, unidos conquistaron el mundo.

El vermú se prepara añadiendo botánicos (que deben incluir el ajenjo) a una base de vino fortificado. Cada productor tiene su receta secreta, pero comúnmente se usan los siguientes: angélica, anís, cálamo, cardamomo, clavo, saúco, artemisia, genciana, melisa, regaliz, raíz de lirio, ruibarbo, romero, vainilla y haba tonka. No es de extrañar que funcione tan bien con la ginebra. El vermú no sólo combina con ella sino que aporta dulzura; suaviza el ataque del alcohol, al tiempo que se apropia de la garra de la ginebra.

Juntos son más que la suma de las partes.

Después de extensas (y satisfactorias) pruebas, se utilizaron los siguientes vermús dulces y secos para los cócteles.

Dulces

Cocchi Storico obtuvo el primer puesto entre los vermús dulces testados, seguido de La Quintinye Rouge y muy

La Sicilian Lemonade de Fever-Tree es un refresco versátil.

Noilly Prat, el vermú ideal para martinis secos.

El Campari es el miembro más alborotador de la banda Negroni.

de cerca, en tercer lugar, Martini Rosso. La casa Cocchi fue fundada en 1891 por Giulio Cocchi en la localidad italiana de Asti. Su Storico Vermouth di Torino es una recreación de la receta original de la firma, basada en el Moscato. Es complejo en nariz, con cacao, menta, naranja amarga, nuez moscada, jengibre y clavo, y un clásico paladar amargo/dulce con ajenjo, genciana y ruibarbo. Es largo y presenta diferentes capas.

La Quintinye Rouge de Charente tiene como base una mezcla de vino blanco local y Pineau (rojo de Charentes) con 28 botánicos. Con vainilla, cereza, ciruela, regaliz, piel de naranja y clavo en nariz, en boca comienza como un dulce afrutado antes de que se impongan la quina y el ajenjo. Es puro y equilibrado.

Secos («franceses»)
Noilly Prat Original Dry fue el claro campeón, pero Vya Extra Dry, más vinoso, y La Quintinye Extra Dry también funcionaron bien. El Noilly se basa en una mezcla de vinos Picpoul y Clairette envejecidos antes en toneles; luego pasan un año oxidándose a la intemperie antes de ser fortificados. Se añaden poco a poco 20 botánicos. Posee una nota floral a manzanilla/flor de saúco, con hierbas, toque mineral, almendra y un equilibrio ácido/amargo en boca.

Campari

Este legendario aperitivo amargo fue creado en la década de 1860 en Novara, en el Piamonte italiano, por Gaspare Campari que, en otra «acción fantasmal» con la ginebra, lo bautizó Bitter all'Uso d'Holanda. La fórmula de Campari es un secreto. Se elabora macerando los botánicos en agua y alcohol, endulzándolos luego y coloreándolos (originalmente con cochinilla). Primero se mezclaba con vermú *amaro* para hacer el Torino-Milano Aperitif, después con Martini Rosso para el Milano-Torino, antes de alargarlo con soda para crear el Americano. En 1920 el conde Camillo Negroni entró en el Bar Casoni (*véase* p. 186) y las cosas cambiaron para siempre.

Es denso y amargo, con notas que recuerdan a la genciana, el cálamo y la angélica con bergamota. Concentrado en la lengua, su amargor se suaviza con una satisfactoria dulzura cítrica.

Gin-tonic, una bebida con ginebra.

RECETAS BÁSICAS

Gin-tonic

Esta mezcla es, probablemente, el combinado largo más popular del mundo. La sequedad de la quinina, la dulzura ligeramente cítrica, el susurro de las burbujas que se anticipan a nuestro suspiro cuando damos el primer trago y arrastran la fragancia de la ginebra hacia nuestra nariz... Venga, necesitamos uno ahora. Admitámoslo.

El Gin-tonic experimenta hoy un resurgir, activado gracias a la explosión de interés por la ginebra entre una nueva generación de bebedores españoles. Fue en España donde por primera vez me encontré con el concepto del Gin-tonic después de la cena, lo que significa alrededor de medianoche. Revive las papilas gustativas, aclara la cabeza de Rioja y prepara para la siguiente fase de diversión nocturna. También se servía de manera diferente. Nada del hilillo de ginebra, la rodaja flácida de limón, el hielo fundido y océanos de tónica como en un *pub* inglés. Los barmans españoles eran gozosamente inflexibles: un buen chorro de ginebra, apenas un recordatorio de tónica y el hielo bien macizo. Recientemente, las diferencias se han extendido a la presentación en una ancha copa balón.

Aquí he adaptado ese enfoque español, pero rebajándolo un poco. En todos los ejemplos, la proporción utilizada fue 2:1, tónica:ginebra. Si resultaba demasiado fuerte, la proporción pasaba a ser 3:1. El mismo principio se aplicó con la Sicilian Lemonade.

Recordemos que están para alargar y realzar, no para esconder. Cuando sea posible, usemos botellas pequeñas. Las grandes sólo si van a consumirse en una sesión. Si vemos que un camarero echa mano de una *soda gun,* un dispensador para la tónica, le detendremos y pediremos otra bebida.

Martini

Hay mucha información acerca del Martini más adelante, pero me dirijo a aquellos que creen que es una bebida de vermú y ginebra, y que el vermú desempeña algún papel. En su guía *Guide to Vermouth & Other Apéritifs,* los historiadores de los cócteles Anistatia Miller y Jared

Brown argumentan persuasivamente que los martinis se volvieron secos únicamente porque la gente se olvidó de tratar al vermú como un vino y dejó que se agriase en el estante. Sin embargo, la ginebra con vermú fresco es una combinación fantástica. Comenzaremos, como corresponde, con 4:1 ginebra:vermú. Si domina este último, yo alargaría la mezcla a 5:1. En ocasiones, algunos están mejor sin vermú.

Negroni

Ya hemos expuesto la lógica que hay detrás de las distintas proporciones para el Negroni (*véase* p. 49), pero lo que todavía no he mencionado -y que se aplica también al Martini- es lo importante que es la temperatura para estas bebidas. El vermú debería guardarse en el frigorífico y hay que gastarlo rápidamente, lo mismo que el Campari. Lo ideal es que la ginebra salga directamente del congelador. La diferencia nos sorprenderá... e impresionará a nuestros amigos.

Otras mezclas

Lo intenté con *genever* y Old Tom, ginebras reposadas y frutales. Sé que la Old Tom es versátil, pero me intrigó ver el resultado de una preparación al estilo del siglo XIX. Lo mismo ocurrió con las envejecidas y las holandesas (que en ningún caso combinan con vermú seco). Aquí están el Gin Cocktail, Gin Fizz y Martinez. Cuando en el último dominaba demasiado el vermú, cambiaba a Turb Club.

GIN COCKTAIL

Hay un gran número de recetas para esta bebida, pero empleé la más sencilla y antigua.

30 ml de ginebra

5 ml de almíbar o sirope de goma (*véase* p. 188)

una gota de Angostura, Boker's Bitters o amargo de naranja, según prefiramos

Remover todos los ingredientes sobre hielo y servir en una copa de cristal enfriada.

GIN FIZZ

Esta misma receta se empleó para Gin Fizz de frutas.

30 ml de ginebra

1 ½ cucharadas de zumo de limón recién exprimido

1 cucharada de almíbar o sirope de goma (*véase* p. 188)

soda, para rematar

Agitar todos los ingredientes, excepto la soda, con hielo y filtrar en un vaso alto enfriado. Rematar con soda.

El Gin fizz (o Collins) es un combinado muy refrescante.

MARTINEZ

30 ml de vermú dulce

15 ml de ginebra

½ cucharada de marrasquino

una gota de Angostura, Boker's Bitters o amargo de naranja, según prefiramos

Remover todos los ingredientes sobre hielo y servir en un vaso para cóctel enfriado.

TURF CLUB

45 ml de ginebra

45 ml de vermú dulce

2 gotas de Angostura, Boker's Bitters o amargo de naranja, según prefiramos

Remover todos los ingredientes sobre hielo y servir en un vaso para cóctel enfriado.

GINEBRAS

«Lo divertido de mi ginebra» me dijo un destilador, «es que soy la única persona que conoce a qué sabe realmente». Parecía un extraño comentario, ya que la marca de la que hablaba no es precisamente desconocida en el mundo. Lo que quería decir era que no importaba a cuántas personas les gustara su ginebra, lo primero que harían con ella sería preparar un combinado. La ginebra no es un espirituoso que la gente saboree solo: los únicos que conozco que la toman sola o con una gota de agua son los destiladores de ginebra. Por supuesto, él estaba en lo cierto.

Comprender la personalidad de una ginebra nos da una idea de cómo saborearla mejor. Hay algunas ginebras que parecen hechas para ser consumidas en tragos largos; otras solamente florecen en un Negroni o un Martini. Hay ginebras para la hora de la comida y para la noche. Las hay digestivas y, ¿me atreveré a decirlo?, hay ginebras para la hora del desayuno. Aquí nos están esperando 120, todas puestas a prueba de diferentes formas. Es hora de sumergirnos.

BRITÁNICAS

Todas las ginebras que vienen a continuación están hechas en Gran Bretaña (no solamente en Inglaterra, sino también en Escocia y Gales) y tipifican el estilo con el que la mayoría de los ingleses estamos familiarizados. Figuran grandes marcas, algunas veteranas y también recién llegadas, la avanzadilla de la nueva ola de ginebra.

Es fácil dejarse arrastrar por la excitación que provoca la aparición cada semana de una nueva ginebra –en cinco años todas las ciudades británicas contarán con su propia ginebra–, pero la cata demuestra que sería un error despreciar las marcas del siglo XIX y preferir las vistosas, brillantes y nuevas. Las grandes firmas no mantienen su popularidad a largo plazo por la publicidad sino por su calidad inherente. En algún punto en la vida de una marca basada en la mercadotecnia aparecerá un bebedor que señale que el emperador va desnudo. Eso es algo que no teme una ginebra de alta calidad.

Hay algo más: no nos dejemos seducir por la cantidad de botánicos listados en una botella. Probemos la ginebra. ¿Es compleja? ¿Resulta equilibrada? ¿Aportan esos botánicos carácter y profundidad, o son pura fachada?

Por supuesto, aquí descubriremos nuevas favoritas –a mí me pasó–, pero con suerte también redescubriremos las cualidades de algunas marcas con solera.

BOTÁNICOS

No figuran, pero incluye: Enebro • Piel de naranja • Saúco

6 O'CLOCK GIN 43% vol. alc.

Fabricada por los especialistas en licores Bramley and Gage (*véase* p. 167), la inspiración para esta ginebra vino del bisabuelo del director Michael Kain que, cada tarde, se sentaba a las 6 en punto con un Gin-tonic a considerar los sucesos del día y hacer planes para el futuro. Dado que se convirtió en un ingeniero de éxito, la rutina claramente funcionaba. Según Kain, el lema de su antepasado era «equilibrio, serenidad y precisión», que resume lo que debería caracterizar a toda buena ginebra.

En nariz se abre con una nota a tierra ligeramente cocida y aroma floral; como fondo enebro, naranja dulce y un poco de mazapán. Bien equilibrada y precisa, tiene suficientes especias y raíces para evitar que se esfume la sensación. El agua revela el cilantro y una complejidad casi de galleta. En boca es dulce, intensa y bastante pesada, con elementos cítricos limpios por encima de un sabor levemente seco. Esa nota cítrico-floral se mantiene hasta el final.

CAMPO DE SABOR Cítrico	
3	**Gin-tonic:** Gran despegue aromático al inicio, pero enseguida aparece la quinina. El gas añade impulso, pero resulta un poco corto.
3.5	**Con Sicilian Lemonade:** Se desarrolla un ligero sabor a nueces, como a anacardo. Algo fuerte en boca, aunque con cierta densidad y persistencia.
3.5	**Negroni:** N2 Entran en juego más especias y raíces amargas, con una erupción de frutos en mitad de la lengua antes de que se manifieste el geranio. Un ligero conflicto.
4	**Martini:** Las 6 en punto es la hora del Martini para mí. ¿Cómo se porta? Yo la tomaría en proporción 5:1 para evitar que el vermú cobre más peso y permitir que evolucionen los aromas. Se mantiene seca e intensa.

BOTÁNICOS

Enebro • Raíz de lirio • Semillas de cilantro • Piel de naranja dulce • Piel de limón • Flor de hibisco

ADNAMS COPPER HOUSE

40% vol. alc.

Destilada por John McCarthy en Southwold (en la costa de Suffolk, East Anglia), esta nueva marca de la cervecera Adnam (bueno, es de 2010) fue la primera incursión en los espirituosos de la firma (desde entonces se han sumado whisky, vodka, absenta, licor de manzana, triple seco y fernet) y constituye una apuesta moderna por lo tradicional. Predominan notas florales intensas gracias al hibisco, con una pizca de saúco, pasas y un toque herbal. Con agua gana densidad y jugosidad, permitiendo la aparición del enebro, que recuerda a la salvia y el cilantro. En boca como en nariz. Por algún motivo, me sugiere la comida del norte de África: flores, especias dulces, frutos secos, cítricos, hierba fresca. Con un final largo e intenso.

CAMPO DE SABOR Floral/Especiado

3.5	**Gin-tonic:** Se manifiesta un ligero tono cocido con 1:2, así que es mejor aligerar para añadir equilibrio; luego empieza a imponerse el enebro.
4	**Con Sicilian Lemonade:** Idealmente, los aromas –en especial la intensa nota floral– combinan mejor con un refresco. También en este caso le beneficia aligerarla un poco.
4	**Negroni:** N4 La combinación resulta mejor con una proporción moderada de Campari y vermú, lo que permite preservar las notas florales. Limpia, con una nueva nota a cereza y un final refrescantemente amargo/dulce.
3.5	**Martini:** Retiene su denso perfume, pero el frío y el vermú ayudan a rebajar sus cualidades más exuberantes. Se vuelve más seca y, por tanto, gana equilibrio. Yo lo tomaría corto, rápido y fuerte.

BOTÁNICOS

Enebro • Semillas de cilantro • Raíz de lirio • Raíz de angélica • Corteza de casia • Raíz de regaliz • Lúpulo • Lavanda • Flor de saúco • Escaramujo • Hinojo marino • Piel de Limón • Piel de naranja amarga • Hojas de lima kafir

ANNO 43% vol. alc.

Cuando dos colegas, los doctores Andrew Reson y Norman Lewis, se jubilaron en GlaxoSmithKline en 2011, sabían que no estaban preparados para pasar el resto de sus vidas jugando al golf. Como investigadores científicos conocían la destilación, les gustaban los licores y pensaron que hacer ginebra sería algo divertido. Al cabo de unos meses tenían un alambique Christian Carl instalado en Marden, Kent, y estaban planificando una receta botánica que reflejara su condado natal. De ahí la adición de lúpulo, lavanda, flor de saúco, escaramujo e hinojo marino a la mezcla.

En nariz es ligera, con una nota alta limpia y afrutada, que deriva hacia densos toques florales y un punto ligeramente mineral. Aparecen los cítricos con un toque a lavanda y a enebro ligero. Es equilibrada, con cierto encanto. El agua extrae frutas ligeramente enceradas y grosella espinosa. Fresca en boca, con lavanda y raíces secas que equilibran una sensación aterciopelada.

CAMPO DE SABOR Fragante/Afrutado

3	**Gin-tonic:** La tónica, por algún motivo, hace brotar frutas y flores. Limpia y fresca, pero un poco corta.
3.5	**Con Sicilian Lemonade:** Un toque extra de cítricos domina esta fragante mezcla. Limpia y jugosa en boca. Una bebida larga para el verano.
3.5	**Negroni:** N3 Limpia, con algo del amargor del lúpulo abriéndose paso a través de las cortezas de cítricos.
4	**Martini:** Pura fruta, hierbas silvestres y un poco más de ese elemento mineral que añade interés. Suave, con excelente penetración y persistencia. Merece la pena probarlo.

BOTÁNICOS

Enebro • Semillas de cilantro • Piel de naranja • Canela • Clavo • Cardamomo

BATHTUB GIN 43,3% vol. alc.

Tengo que expresar mi estupor. ¿Por qué bautizar un producto premium con el nombre de un tipo de ginebra famosa por su toxicidad? En esta no hay nada de la ginebra de bañera. Una posible justificación reside en el viejo arte del destilado en frío. Los botánicos son simplemente sumergidos en alcohol de grano de alta graduación, que es por lo que tiene un matiz ligeramente similar al del narciso. No se sabe si el misterioso productor, el profesor Cornelius Ampleforth (*véase también* p. 154) realizó toda esta operación en su bañera.

Bien definida en nariz y completamente seca. Destaca sobre todo el enebro, luego se hacen notar la personalidad más cítrica del cilantro, el aceite de clavo, la canela y las especias remojadas en aguardiente -que es por lo que funciona bien en el ponche caliente con ginebra (*véase* p. 191)-, junto con un toque a nueces (quizá del alcohol) al final. En boca entra suave antes de volverse seca. Entonces irrumpen, un poco caóticamente, las especias sumergidas en vino. Resulta un poco agresiva, así que necesita agua.

CAMPO DE SABOR Especiado

3	**Gin-tonic:** Limpia con un punto seco especiado y una aceptable persistencia. Un Gin-tonic decente.
3.5	**Con Sicilian Lemonade:** Resulta un poco mejor, ya que posee una mayor persistencia gracias al cítrico, que consigue controlar las enloquecidas especias. Se logra un aceptable equilibrio.
3.5	**Negroni:** N3 Tremendamente aromática, con la potencia de un puntal de rugby dirigiéndose a la línea de *try*. En boca es un poco plana, pero ayuda el toque de naranja.
4	**Martini:** Bueno. Esas especias secas surgen desde el principio, pero combinan bien con los sutiles matices del vermú. La proporción 5:1, con una buena dosis de retroolfato, es la opción más clásica, aunque para mí pierde equilibrio.

BOTÁNICOS

Enebro • Semillas de cilantro • Raíz de regaliz • Raíz de lirio • Naranja amarga • Piel de limón • Almendra amarga • Raíz de angélica

BEEFEATER 47% vol. alc. (graduación para exportación)

James Burrough era un farmacéutico que, en 1863, compró la destilería de John Taylor en Cale Street, en el barrio londinense de Chelsea. Lanzó su marca Beefeater en 1876. Desde 1958, cuando cerró la destilería de la firma en Lambeth, ha sido elaborada en Kennington, lo bastante cerca del campo de críquet The Oval para que la pelota caiga en su tejado.

Es una ginebra discretamente compleja. El enebro aparece disfrazado de pino, mientras que el cilantro funde sus notas cítricas con las de las pieles. Es esta frescura la que predomina. Las flores de angélica añaden un ligero toque amargo y la sequedad queda equilibrada por la acidez. El enebro es una presencia constante. Es la ginebra perfecta para la hora de la comida o primera hora de la tarde. Lleva consigo el recuerdo de un verano sin fin. Busquemos la versión para la exportación (47% vol. alc.), si podemos encontrarla, antes que la estándar (40% vol. alc.).

CAMPO DE SABOR Cítrico/Enebro

5	**Gin-tonic:** Retiene la frescura de la ginebra, junto con su vigorizante acidez, lo que ofrece una gran limpieza. La tónica nunca se dispersa en el amargor de la ginebra. Una combinación de las que hacen suspirar de felicidad.
5*	**Con Sicilian Lemonade:** Como cabe esperar, el impacto cítrico es masivo, un poco como introducir la cabeza en un limonero en época de cosecha. Funciona bien, con una alegre persistencia.
5	**Negroni:** N2 Esta proporción contribuye a preservar la intensidad, mientras por detrás se alían el enebro y el vermú. Herbal y puro, con una densidad jugosa. Algo ejemplar.
5*	**Martini:** Agradablemente untuoso, con un equilibrio excelente. Al inicio, el enebro se impone, pero hay actividad cítrica suficiente para equilibrarlo. Fresco y muy limpio. Para la comida y primer hora de la tarde.

BOTÁNICOS

Enebro • Semillas de cilantro • Semillas y raíz de angélica • Naranja amarga • Piel de limón • Raíz de regaliz • Almendra amarga • Raíz de lirio • Pomelo • Té sencha (verde japonés) • Té verde chino

BEEFEATER 24 45% vol. alc.

O cuando la ginebra con tónica se convierte en ginebra y té. El maestro destilador Desmond Payne parte de la base clásica de Beefeater (aunque en diferentes proporciones) y luego añade piel de pomelo, té japonés sencha y té chino verde. El punto de corte en este caso es muy alto, ya que el té comienza a cocer muy deprisa. La Beefeater, de por sí, es fresca, compleja y cítrica y aquí el toque de dulzura precisa del pomelo incrementa esa última característica, antes de que sean detectables las pieles de naranja de Sevilla.

El enebro aporta un toque a pino, el sencha una cualidad herbosa. El agua añade sutileza al pino, con algunas notas de apio verde y raíces suaves. En boca madura, sutil y larga, con el té surgiendo en el centro de la lengua. Es una apuesta muy segura entre las ginebras nuevas.

CAMPO DE SABOR Cítrico	
4	**Gin-tonic:** Fragante, veraniego y fresco. Demos las gracias por una bebida muy fresca para mediodía.
4	**Con Sicilian Lemonade:** ¿Alguien quiere más cítricos? Funciona, aunque es fácil pasarse. La unión limón/pomelo logra un excelente equilibrio.
4.5	**Negroni:** N2 Aquí es donde empezamos a apreciar los tés, que añaden notas frescas/herbosas y aportan a la mezcla un fragante toque en boca. Quizá haya que rebajar el volumen de Campari un poco, pero es un detalle menor.
5	**Martini:** Emerge el té de nuevo y esa fresca nota a clorofila combina con las notas herbales del vermú. Tiene que ser 5:1 para que la mezcla funcione.

BOTÁNICOS

Enebro • Semillas de cilantro • Raíz de angélica • Bayas de cubeba (pimienta de Java) • Albahaca • Salvia • Lavanda • Hojas de lima kafir

BERKELEY SQUARE 40% vol. alc.

Tras el éxito de Bloom (*véase* p. 67), Joane Moore de Greenall's (*véanse también* pp. 89, 94 y 102) volvió al jardín, recogió algunas hierbas frescas -albahaca, lavanda y salvia- y luego añadió hojas de lima kafir. Las delicadas hierbas se colocan en un saco de muselina y se sumergen 24 horas para extraer sus aromas. La destilación es muy lenta para evitar cualquier hervor. Muy aromática en nariz con algo de lavanda (también enebro), seguida de un potente toque de albahaca. A continuación, aparece la lima. Muy fresca y vigorosa, esta infusión vital eleva a la ginebra a una nueva y diferente dimensión. En boca es muy limpia y muy suave; los elementos herbales se muestran ligeramente tímidos y se equilibra bien con agua. No resulta demasiado seca, ni demasiado dulce o demasiado herbal. Se trata de una ginebra nueva estupenda.

CAMPO DE SABOR Floral/Herbal

3	**Gin-tonic:** No estoy convencido de que la tónica añada nada, porque se imponen demasiado los aromas. Es un combinado correcto, pero sin nada destacable.
4	**Con Sicilian Lemonade:** Las hierbas se apaciguan y se consigue un excelente equilibrio entre el refresco y las complejidades de la ginebra. Beber en forma de combinado largo o como un Collins (*véase* p. 188), donde el impacto es más sutil.
4	**Negroni:** N4 Hierbas y cítricos, que se desplazan hacia un toque mentolado. Esas hierbas van bien con el resto de los ingredientes y la dulzura de esta bebida resalta en boca.
5	**Martini:** Un vino aromatizado con hierbas resulta ser un aliado natural. Se liberan ráfagas herbales a intervalos regulares. Incluso aparece al final un toque a enebro/lavanda. ¡A disfrutarlo!

BOTÁNICOS

Enebro • Semillas de cilantro • Piel de cítricos • Raíz de regaliz • Canela • Nuez moscada • Raíz de angélica • Armeria marítima • Botón de oro • Reina de los prados

BLACKWOODS VINTAGE DRY GIN 2012 40% vol. alc.

La naturaleza de la saga Blackwoods (región apartada, en inglés) es apropiadamente remota. Aunque sus propietarios originales proclamaran otra cosa, nunca se hizo en Shetland, pero se emplean botánicos de allí. Para complicar todavía más las cosas, ahora hay una destilería en Unst (la más nórdica de las islas británicas) que fabrica ginebra, aunque no precisamente esta. La polémica acerca de su origen no debería empañar el hecho evidente de que es una gran bebida. Limpia y herbal en nariz, al principio cítrica con un toque meloso, casi untuoso, a reina de los prados. Después, notas muy suaves de enebro, casi florales. Se vuelve más abiertamente cítrica y conserva su vibrante frescura en boca antes de que surja cierto tono picante, seguido de inmediato por casia y cilantro y el retorno de flores y cítricos.

CAMPO DE SABOR Cítrico

3.5	**Gin-tonic:** Buena y atractiva, el refresco aporta cierta vitalidad y profundidad a las notas base. Un combinado decente.
4	**Con Sicilian Lemonade:** Como era de esperar, hay una conexión natural. Fresca y enérgica acidez y aceptable permanencia. Apetecible.
3	**Negroni:** N2 Empiezan a manifestarse los botánicos evasivos. Bastante ajustada, con aparición de las pieles amargas, aunque parece ligeramente indecisa respecto a si quiere mostrarse relajada o descarada.
3.5	**Martini:** Buena combinación 4:1, porque es una ginebra que aprovecha el empujoncito del vermú. Los elementos herbales combinan con los de la ginebra. El alcohol se amortigua, pero mantiene un carácter limpio e incisivo.

BLOOM 40% vol. alc.

BOTÁNICOS

Enebro • Semillas de cilantro • Raíz de angélica • Bayas de cubeba (pimienta de Java) • Madreselva • Manzanilla • Piel de pomelo

Fue la primera iniciativa con destilados de flores (*véase también* p. 65) de la maestra destiladora Joanne Moore. En este caso, la incorporación de pomelo en lugar de los cítricos tradicionales realza la manzanilla y la madreselva. El aroma es muy ligero y discreto, con un toque meloso antes de que el estimulante cítrico se abra paso seguido por una atractiva nota mentolada. Todo es bastante sutil, lo que añade una serenidad campestre al proceso. En boca surgen notas de tisana y manzanilla, junto con el casi evanescente perfume. El agua muestra que en este jardín crecen enebro y violeta, y permite al licor expandirse y estabilizarse. Está realmente bien elaborada, con flores frescas, no cocidas.

CAMPO DE SABOR Floral

4.5	**Gin-tonic:** Se vuelve muy floral y cobra vida. El perfecto Gin-tonic para el verano. Como meter la cabeza en un ramo de novia, si eso estuviese bien. Que no lo está.
2.5	**Con Sicilian Lemonade:** En este caso se aprecia menos simpatía, ya que la limonada aporta demasiado cítrico y mata el pomelo. Sobrecargado.
3.5	**Negroni:** N4 Es un desafío grande para una ginebra tan delicada, en el que el Campari siempre domina. Quizá sea mejor una solución más radical a los ingredientes del clásico Negroni. ¿Qué tal Aperol y vermú rosado?
4.5	**Martini:** Hace falta que esta ginebra se desvele por completo, así que el vermú debería rebajarse. 5:1 es lo ideal para mí, porque su influencia es sutil aunque directamente relacionada con el jardín floral. Una atractiva bebida.

BOTÁNICOS

Enebro • Semillas de cilantro • Cardamomo • Raíz de angélica • Jengibre • Almendra • Raíz de lirio • Corteza de casia • Raíz de regaliz • Piel de naranja • Piel de limón • Bayas de cubeba (pimienta de Java)

BOË 47% vol. alc.

Fabricada en la destilería Deanston, cerca de la localidad escocesa de Stirling, por Ian Millan, que empezó su carrera trabajando en Londres en la planta de ginebra Booth. La aparente inmadurez de muchas de las nuevas ginebras escocesas me despierta el deseo de establecer un paralelismo entre ellas y los grupos indies de Glasgow: resultan atrayentes pero da la impresión de que son un poco, bueno... pesos ligeros. Esta es aromática y dominan los cítricos, con un delicado toque de hinojo y el enebro al fondo. Con el tiempo aparecen pipermín, piel de limón, jengibre y canela. En boca resulta muy fresca con una intensa nota mentolada mezclada con notas florales y bayas de enebro. Como ocurre con los grupos musicales, hay que ir más allá de la primera impresión.

CAMPO DE SABOR Floral/Fragante	
3.5	**Gin-tonic:** Con la tónica aparece una nota ligeramente frutal que evoluciona con el limón. Es limpia, pero necesita más energía. Posee, no obstante, persistencia en el aroma.
3.5	**Con Sicilian Lemonade:** Al principio se impone el refresco, pero luego entra en acción la ginebra y sus cítricos toman la delantera. Adecuada, mejor con un fizz, donde hay más actividad.
3	**Negroni:** N4 Resulta ligera, ahora con un tono más herbal. El equilibrio es bastante bueno, con un toque apropiado de enebro. Está bien.
3.5	**Martini:** Hay que controlar el vermú. Yo me decanté por 5:1, que parece acentuar la dulzura en lugar de los elementos manifiestamente botánicos.

BOTÁNICOS

Enebro • Piel de limón • Semillas de cilantro • Raíz de lirio • Raíz de angélica • Almendra amarga • Raíz de regaliz • Corteza de casia

BOMBAY DRY 40% vol. alc.

El inconveniente del éxito de la Bombay Sapphire es hasta qué punto ha marginado a su hermana mayor. Desde mi punto de vista es una lástima, ya que es una excelente ginebra tradicional. Su receta se basa en una creada por Thomas Dakin en Warrington en 1761 (*véase* p. 89), refinada luego en términos de producción en la década de 1830, cuando la destilería instaló el entonces novedoso alambique Carter-Head (*véanse* pp. 42-43). Recibió el nombre de Bombay en 1960, cuando el abogado neoyorquino Alain Subin decidió introducirse en el mundo de las bebidas.

Un sólido, aunque un poco más ligero, enfoque London dry, con enebro y madera en primer plano, junto a piel de naranja, mazapán y especias dulces. El agua descubre una nota a tierra cocida típica del lirio y el pino. En boca es sorprendentemente dulce al comienzo, antes de que aflore la pimienta blanca, seguida por cítricos para equilibrar las cosas. La textura es sedosa, con los elementos más pesados reunidos al final.

CAMPO DE SABOR Enebro	
3.5	**Gin-tonic:** Rica y bien equilibrada, con un agradable toque picante en medio que añade interés. Adecuada persistencia.
5	**Con Sicilian Lemonade:** Agradable impulso que añade otro elemento a la mezcla, lo que siempre son buenas noticias. Muy bien equilibrada en el centro. Excelente.
4	**Negroni:** N1 Esta proporción permite que el toque picante y especiado, casi de jengibre, destaque más, mientras el enebro y el lirio mantienen su posición. Medianamente pesada y con carácter. Una buena bebida.
3.5	**Martini:** Untuoso, rico, con un aroma denso. Tal vez le falta finura, pero posee un cierto encanto tempestuoso.

BOTÁNICOS

Enebro • Semillas de cilantro • Raíz de angélica • Raíz de regaliz • Raíz de lirio • Corteza de casia • Almendra • Piel de limón • Bayas de cubeba (pimienta de Java) • Granos del paraíso (pimienta de Guinea)

BOMBAY SAPPHIRE 40% vol. alc.

¿Qué sería de la ginebra sin la Sapphire? Posiblemente estaría estancada. Después de todo, es la marca que impulsó el renacimiento de la ginebra atraviéndose a dar a esta bebida un aire más ligero (*véase* p. 69). Puede que los tradicionalistas la desprecien, pero es injusto. Cumple con lo que se espera de ella y lo hace bien. Delicada en nariz, valorada más detenidamente se aprecia una intensidad discreta. Cítricos, pimienta y especias dulces son lo que más destaca, junto con angélica y una nota de fondo a enebro. De textura delicada, aunque las pieles se perciben en la lengua, impulsivas como colegiales a la hora del recreo. Pensemos en una tarta de queso y limón y estaremos cerca. Con el tiempo la pimienta empieza a destacar.

CAMPO DE SABOR Floral/Fragante

2.5	**Gin-tonic:** Limpia y muy especiada, verde e inmediata. Antes del segundo sorbo el toque aromático se ha esfumado, así que hay que preparar un combinado corto y beberlo deprisa.
3.5	**Con Sicilian Lemonade:** El refresco se funde delicadamente con la ginebra, prolongando su persistencia aromática. Con mucha garra en la lengua. Mejor para una copa rápida o en un fizz.
4	**Negroni:** N4 Esta proporción permite a la ginebra expresarse en presencia de dos pesos pesados. Agradable fragancia, exóticamente especiada y algo picante, con un poco de amargor para contrarrestar la dulzura en boca.
4	**Martini:** La delicadeza de la Sapphire necesita una proporción más seca. Así que 5:1, o 6:1, es lo mejor. Se aprecia la complejidad de la ginebra y, por la baja temperatura, la lenta liberación de los aromas le otorga cierta duración.

BOTÁNICOS

Enebro • Semillas de cilantro • Raíz de angélica • Raíz de regaliz • Raíz de lirio • Corteza de casia • Almendra • Piel de limón • Bayas de cubeba (pimienta de Java) • Granos del paraíso (pimienta de Guinea) • Hierba limón o citronela • Pimienta negra vietnamita en grano

BOMBAY SAPPHIRE EAST

42% vol. alc.

Aquí tenemos la mezcla clásica de Sapphire, pero con el añadido de la citronela y la pimienta negra vietnamita para ambientarla en el sudeste asiático. La pimienta negra se aprecia claramente en nariz; la citronela es algo más tímida y prefiere remolonear detrás en compañía del limón y el enebro. Hay algunas notas vegetales y luego aparecen mentol, pimienta y una nota baja del enebro. En boca es limpia y contenida.

CAMPO DE SABOR Especiado

2.5	**Gin-tonic:** Fresca y picante, pero se disuelve muy deprisa.
3.5	**Con Sicilian Lemonade:** Mejor combinación. Sí, es ligera, pero al estilo Sapphire. Esperaba que la mezcla de limón y citronela fuese explosiva, pero es levemente relajada. Necesita un poco de corteza de limón extra para coger impulso.
3.5	**Negroni:** N3 El toque picante perfumado emerge limpiamente. Un poco astringente, pero la citronela empieza a codearse con las delicadas especias. Decente.
3.5	**Martini:** Mejor combinación, sobre todo si es seca. Por ejemplo, 5:1. Limpia, con intensidad adecuada. Se vuelve más seca y parece burbujear con especias al final, que es lo que buscamos. La combinación más exitosa.

BOTÁNICOS

No figuran todos, pero incluye: Enebro • Nuez moscada • Salvia • Romero

BOODLES 40% vol. alc. (45,2% para exportación)

Esta antigua marca empezó su andadura en el siglo XIX como ginebra de la casa en el club Boodle's para caballeros de St. James en Londres. Ahora se fabrica en Beefeater (*véanse* pp. 63-64) y buena parte de la producción se destina exclusivamente a Estados Unidos. Presenta la peculiaridad de no incluir botánicos cítricos en la mezcla. En nariz es sorprendentemente suave y tan agradable como la sala de los socios del club después de una comida. Todo en ella es discreto, con un punto cítrico (posiblemente del cilantro), algo de lavanda, violeta, romero, té negro y enebro que recuerda a la salvia. Con agua se vuelve jugosa en el ataque; se va imponiendo una suavidad general. En boca arranca bastante dulce, pero esto se ve contrarrestado inmediatamente por una sorprendente astringencia. Es fresca, más firme y arraigada de lo que al principio se podría pensar. Después de todo, los caballeros del club no eran tan delicados.

CAMPO DE SABOR Afrutado/Enebro

3	**Gin-tonic:** Muy especiada en nariz, no parece haber necesidad de adulteraciones en este caso. La tónica añade cierta estructura, y dulzura y amargor se enfrentan. Quedan realzados el regaliz y la angélica.
3.5	**Con Sicilian Lemonade:** La adición de limón sugiere que esto debería ser una opción obvia. Aunque funciona de maravilla, en boca no logra el impulso para ser una combinación memorable.
3.5	**Negroni:** En nariz ya sugiere sus buenas maneras. Agradable, sin fisuras, con cierto punto mentolado, pero le falta chispa.
3.5	**Martini:** La proporción tiene que ser 5:1, porque el vermú debe desempeñar un papel casi invisible al fondo, lo justo para añadir energía. Es de confianza, aunque no muy emocionante.

BOTÁNICOS

22 localmente recolectados: Enebro • Mastranzo • Hierbabuena • Menta acuática • Abedul pubescente • Manzanilla • Cardo cundidor • Saúco • Flor de tojo • Flor de brezo • Flor de espino • Galio • Melisa • Reina de los prados • Artemisa • Trébol rojo • Trébol blanco • Perifollo oloroso • Mirto de turbera • Tanaceto • Tomillo • Salvia • Corteza de casia • Pipermín • Raíz de angélica • Semillas de cilantro • Corteza de canela • Piel de limón • Piel de naranja • Raíz de regaliz • Raíz de lirio

THE BOTANIST 46% vol. alc.

La idea de una destilería de whisky que hace ginebra puede parecer inusual, pero es algo más habitual de lo que podríamos pensar. La fabrican Springbank (*véanse* pp. 76 y 101), Balmenach (*véase* p. 78) y Deanston (*véase* p. 68) y las plantas de grano Girvan (*véase* p. 92) y Cameronbridge (*véase* p. 87) también cuentan con destilerías de ginebra. Producir ginebra en la tierra del whisky resulta un poco sorprendente, pero Bruichladdich se anuncia como un «destilador progresista de las Hébridas» y ¿qué puede serlo más que elaborar una ginebra con botánicos nativos de Islay? Agradable, rica y untuosa en nariz, se transforma en algo así como un paseo por el bosque: suaves frutos, flores intensas, pino, salvia, cortezas secas y un elemento meloso; a continuación manzanilla, un toque de arándano, frambuesa, herbáceas silvestres y especias molidas. En otras palabras, compleja. Es suave en boca, con una mezcla de especias en polvo y un final ligeramente chocolateado. Me gustaría ver una versión envejecida.

CAMPO DE SABOR Enebro/Afrutado	
4.5	**Gin-tonic:** Al principio, levemente bloqueada por la tónica, pero reacciona en boca, con buena persistencia, sólidas notas de enebro y cierta fragancia.
3	**Con Sicilian Lemonade:** Amplia, muestra buen equilibrio, pero quizá resulta demasiado seca. En boca, un poco áspera.
4	**Negroni:** N3 El vermú ha sido rebajado, lo que permite que resulte más perfumada en nariz. Tiene profundidad, riqueza y se integra bien.
5	**Martini:** Realmente untuosa, el suave vermú se alía con los elementos más herbáceos. Yo lo prefiero 5:1, para que se manifieste la complejidad de la ginebra.

BOTÁNICOS

No figuran, pero se emplean 8.

BRECON BOTANICALS 43% vol. alc.

La única ginebra galesa actualmente procede de la destilería de whisky Penderyn, al pie de las colinas de Brecon Beacons. Muy sutil y delicada en nariz, perfumada con una nota baja de enebro, lo que la sitúa con firmeza en el grupo de las nuevas ginebras. Con el tiempo aparece una ligera nota anisada mezclada con pino, salvia, brezo y bergamota. Todo resulta muy limpio, fresco y discreto hasta que en boca surge una nota levemente floral/herbal/melosa, junto a frutos que recuerdan a bayas. Una buena y compleja ginebra, que parece presentar un nuevo aroma cada vez que se huele. En boca es agradable, limpia y suave; la mayor parte de la apreciación se desarrolla en mitad de la lengua, donde las pieles resaltan y el enebro dispersa lentamente sus aromas. Seca, casi al nivel de la genciana al final, lo que añade nitidez.

CAMPO DE SABOR Cítrico	
4	**Gin-tonic:** Estimulante, algo que sorprende ligeramente por lo relajada que resulta sola. Hay un montón de actividad herbal y especiada. Seca en boca. Compleja y persistente. ¡Sí, sabe bien!
3	**Con Sicilian Lemonade:** Esperaba que esta combinación sonase como un coro galés, dada su actuación en solitario, pero la ginebra desaparece. Un poco excitable.
5	**Negroni:** N2 Floral y casi arrogante al inicio, se eleva por encima del Campari y el vermú y reposa en un lecho de rosas. Ahora empieza a surgir el enebro en su totalidad y en boca se vuelve más profunda. Equilibrada, muestra una clase considerable.
4.5	**Martini:** Se logra el equilibrio ideal con 4:1. Conserva suficiente carácter cítrico hasta el final. Poco a poco se revela la complejidad total. Excelente equilibrio y complejidad. Recomendada.

BOTÁNICOS

Enebro • Semillas de cilantro • Raíz de lirio • Nuez moscada • Corteza de casia • Canela • Raíz de regaliz • Raíz de angélica • Piel de naranja • Piel de limón

BROKER'S 47% vol. alc. (graduación para exportación)

Estoy en esto de las bebidas por diversión, pero siempre he pensado que el bombín que remata con garbo la botella de Broker's hace parecer a esta ginebra ligeramente efectista. Fue destilada por vez primera en 1998 (en la destilería Langley, cerca de Birmigham, en la región británica de West Midlands) a partir de una antigua receta de los hermanos Martin y Andy Dawson y ha tenido gran éxito en Estados Unidos. Quizá el bombín ayuda.

En principio, es tan seca, densa y con tanto enebro como cabría esperar de una ginebra tradicional, con un elemento crujiente que evoca casi una galleta. Después aparecen cilantro, apio, violeta y especias, con un toque cítrico por debajo. En boca tiene una textura agradable y bastante dulce, con cilantro muy picante en medio, seguido de cerca por una densa oleada de enebro, que se abre a las raíces y un ligero toque a nueces. Es una propuesta considerablemente más seria de lo que sugiere la botella.

CAMPO DE SABOR Enebro	
5*	**Gin-tonic:** Limpio y seco, con gran presencia de la ginebra en una proporción 2:1. Quizá alguien prefiera aligerarla más. Final de boca perfumado, lo que es esencial para un Gin-Tonic al viejo estilo.
3.5	**Con Sicilian Lemonade:** La ginebra es bastante austera y ese elemento juega en contra de esta combinación, porque no permite que muestre la suficiente dulzura.
5	**Negroni:** N1 Con salvia, pino, hierbas amargas y auténtica complejidad. Hay algo fiable, muy confortable en la mezcla, con muchas capas suaves. Un Negroni clásico.
4	**Martini:** Seco, pero orgulloso y desafiante. Hace falta una proporción 4:1 para permitir que el vermut actúe como consejero matrimonial, introduciendo sosiego e impidiendo que el enebro se muestre demasiado osado.

BOTÁNICOS

No figuran

CADENHEAD'S CLASSIC

50% vol. alc.

Fabricada por la rama independiente de J & A Mitchell, propietarios de la legendaria destilería de whisky Springbank de Campbeltown, esta marca y su hermana Old Raj (*véase* p. 101) se han convertido en objetos de culto, sobre todo en Estados Unidos. Es una ginebra enérgica y -no lo olvidemos- fuerte, con enebro y raíces en primer plano, en particular angélica. Tiene tonos profundos, secos y suaves, con aromas que recuerdan un bosque y una sequedad similar a la genciana. En boca es afrutada con un toque cítrico, antes de desplazarse hacia un bosque de pinos con un toque de dulzura al final. Es una ginebra seria, sí, pero equilibrada. Una sólida intérprete.

CAMPO DE SABOR Enebro

4	**Gin-tonic:** En una proporción 2:1 conserva terrosidad y potencia. Para ser justos, tolera cualquier nivel de dilución. No es una ginebra tímida en absoluto. Buena persistencia, aunque para algunas personas puede resultar demasiado seca.
3	**Con Sicilian Lemonade:** Curiosamente, se vuelve algo medrosa cuando se le añade este refresco cítrico. Limpia y con cierta frescura, aunque choca la combinación de enebro y raíces.
4.5	**Negroni:** N1 Por supuesto, ahí sigue estando el enebro. ¿Qué esperábamos? Sin embargo, ahora se transforma en salvia y pino con un ligero añadido mentolado. Detrás de todo hay suavidad, pero se trata de una mezcla muy potente.
4	**Martini:** Denso y ligeramente vegetal, se vuelve más suave con el tiempo. El vermú suaviza los sabores herbales dominantes y aporta equilibrio. Es FUERTE, así que están todos avisados.

BOTÁNICOS

No figura la totalidad, pero incluye:
Enebro • Romero- Bayas de saúco • Jengibre • Semillas de hinojo

CAMBRIDGE GIN AUTUMN/ WINTER 2014 44% vol. alc.

Will Lowe empezó a hacer ginebra mediante destilación al vacío en la habitación delantera de su casa. Su negocio comenzó como un servicio a medida, que hacía ginebras por encargo para satisfacer las preferencias de la gente. No obstante, pronto estaba produciendo remesas exclusivas para restaurantes con estrellas Michelin. Todos los botánicos (incluye también orgánicos como hormigas en su Anty Gin) son macerados durante diferentes periodos de tiempo y destilados por separado, antes de ser agrupados e incorporados. Dos veces al año, él y su mujer Lucy, ayudados por su perro Darcy, recolectan los botánicos estacionales para 50 litros de la ginebra Cambridge. Esta partida otoño/ invierno tiene fragancia de pino en nariz, con acentos de merengue de limón y romero detrás. Agradablemente dulce y de textura suave, es rica en boca y muy perfumada: un paseo por un jardín de hierbas con un punto anisado en el cosquilleo final. Lo mejor es tomarla sola, con hielo.

CAMPO DE SABOR Enebro/Herbal

2.5	**Gin-tonic:** Los elementos herbáceos aparecen inmediatamente, pero por una vez la tónica resulta demasiado dulce.
2.5	**Con Sicilian Lemonade:** Grandes notas casi musgosas seguidas de limón amargo. De nuevo, la ginebra se pierde.
3.5	**Negroni:** N2 En nariz las notas herbales retroceden, pero el gran impulso aromático es preservado en boca, atenuado por el vermú. El Campari, sin embargo, es un invitado no deseado.
5	**Martini:** En una proporción 5:1 resulta limpia y permite que se aprecie la textura. Agradable y tranquilo, con una sutil redondez aportada por el vermú y un final picante. Muy bueno.

CAORUNN 41,8% vol. alc.

BOTÁNICOS

Enebro • Semillas de cilantro • Piel de limón • Piel de naranja • Raíz de angélica • Corteza de casia • Bayas de serbal • Manzana roja (variedad escocesa Coul Blush) • Brezo • Mirto • Diente de león

Esta ginebra escocesa relativamente nueva (pronunciar *karun*) se hace en la destilería Balmenach, en el extremo más salvaje de Speyside, en las Highlands. Saca un gran partido del uso de botánicos nativos -su nombre es el término gaélico para las bayas de serbal- lo que contribuye a enraizarla en su entorno más inmediato. Lo sorprendente es que mientras Balmenach es una destilería famosa por su whisky fuerte al viejo estilo, Caorunn es una nueva ginebra muy delicada.

Resulta muy atractiva al comienzo, con notas de manzana, un breve toque de enebro y luego delicados florales. Aunque son todos muy frescos, las notas altas de estos aromas desaparecen rápidamente y dejan una base limpia, ligeramente perfumada con un toque de limón. El agua extrae mejor las maderas. Es dulce en boca, con cierta textura central y más seca de lo que sugiere en nariz.

CAMPO DE SABOR Floral/Fragante

2.5	**Gin-tonic:** Ligero, atractivo, fresco y divertido, aunque le falta un poco de persistencia. ¡Beber deprisa!
3	**Con Sicilian Lemonade:** Incluso en una proporción 2:1, el refresco es demasiado intenso en nariz. No obstante, resulta una bebida agradable.
4	**Negroni:** N4 Esta proporción permite que ascienda el perfume, pero el vermú y el Campari contribuyen a fijar los aromas, aportan equilibrio y un poco de peso. El final de boca amargo es un extra.
3.5	**Martini:** Limpio y fresco. La temperatura baja fija los botánicos y aporta profundidad en boca. Hay que tomarlo frío y dejar que el trabajo concluya dentro de nuestra boca.

DARNLEY'S VIEW 40% vol. alc.

Fabricada por Thames Distillers en Clapham, sudoeste de Londres, para el destilador y embotellador escocés Wemyss Vintage Malts. La presentación resulta ligeramente áspera con mucha infusión de cítricos, que desplaza el eje a una intensidad parecida a la de la bergamota. Luego, aparece algo de casia junto a niveles moderados de enebro agazapados detrás. El agua extrae un punto picante. En boca, por el contrario, es muy suave. Algún elemento de té floral (probablemente la flor de saúco) y las raíces aportan una ligera sequedad, que después se expande en un toque de confitura cítrica. Hacia el final se vuelve decididamente picante.

BOTÁNICOS

Enebro • Canela • Nuez moscada • Corteza de casia • Granos del paraíso (pimienta de Guinea) • Jengibre • Comino • Clavo • Semillas de cilantro • Raíz de angélica • Infusión de flor de saúco y cítricos

CAMPO DE SABOR Cítrico/Especiado

3.5	**Gin-tonic:** Fresco, con un vago toque cítrico que añade un elemento suave y ligeramente meloso. Sólo le falta persistencia.
4	**Con Sicilian Lemonade:** Muy amplia, añade cierto peso a la limonada mientras las pieles aportan efervescencia por encima.
2.5	**Negroni:** N3 Por desgracia, resulta demasiado terrosa, con las especias enfrentadas en una pelea.
4	**Martini:** La mejor proporción es 4:1, donde las notas florales del vermú forjan vínculo con los elementos más aromáticos de la ginebra. Esto conecta a los exuberantes cítricos y atenúa el picante, que se mantiene hasta el final. Bueno.

BOTÁNICOS

Enebro • Raíz de angélica • Piel de lima • Laurel • Cardamomo negro y verde • Frambuesa • Miel

DODD'S 49,9% vol. alc.

Destilada en Battersea, en el sur de Londres, recibe este nombre en honor de Ralph Dodd, un emprendedor de comienzos del siglo XIX, entre cuyos muchos proyectos estuvo la creación de The London Distillery Co. La iniciativa fracasó -de hecho, Dodd fue llevado a los tribunales por su innovador concepto sobre la transferencia de acciones-, pero su espíritu permaneció. Así que cuando la nueva London Distillery Company empezó a producir en 2013, fue apropiadamente bautizada Dodd's. El grueso de los botánicos, incluida la miel, son destilados en alambique de cobre, mientras que los más delicados se destilan en frío al vacío. A continuación, se juntan y mezclan antes de embotellar el producto.

En nariz es cremosa, luego emerge un aroma a hoja de shiso (perilla japonesa) con frutos grasos detrás. Con el tiempo, aparece un toque sutil a enebro, un punto mentolado, algo de apio y dulzura. La sensación en boca es muy sedosa, lo que distrae inicialmente del intenso, fresco y brillantemente cálido perfume. Estamos en un pinar comiendo *baklava* con *ras al hanut* (mezcla de especias del norte de África).

CAMPO DE SABOR Enebro/Especiado	
4	**Gin-tonic:** Vibrante, aterciopelada, densamente floral. En boca empieza con solidez, pero los cítricos aparecen antes de pasar a la sequedad del enebro. Cremosa, casi medicinal.
X	**Con Sicilian Lemonade:** Las pieles aportan una nota cerosa y la ginebra resulta demasiado fuerte, incluso si se aligera.
4	**Negroni:** N1 Muy frutal y jugoso, con mucha fruta aunque el enebro se impone. Pesado, pero la cremosidad de la ginebra equilibra los toques amargos y oscuros.
5	**Martini:** El enebro se equilibra frente a los frescos elementos frutales, pero es la cremosidad en boca lo que lo convierte en un magnífico Martini. Bueno.

BOTÁNICOS

Enebro • Semillas de cilantro • Piel de cítricos • Raíz de angélica • Raíz de lirio • Infusión brezo y cardo lechoso

EDINBURGH GIN 43% vol. alc.

Producida por Alex Nicol de Spencerfield Spirit Company, es un recordatorio para el mundo de que en otra época la capital escocesa fue la sede de muchos alambiques de ginebra (a menudo ilegales), que hacían el equivalente de las Old Tom/hollands (*véanse* p. 33/ p. 11).
Hoy cuenta con su propia destilería en la Royal Mile (aunque esta cata es anterior a eso).

En nariz es ligeramente confitada y afrutada, con ésteres, dulces/chicle y agresivos cítricos. Necesita tiempo (y dilución) para mostrar otros elementos que recuerdan al pino y al sorbete de limón. En boca es dulce con algo de frambuesa y cereza. Los elementos herbales van apareciendo antes de que surjan, al mismo tiempo, pino y brezo.

CAMPO DE SABOR Fragante/Afrutado

4	**Gin-tonic:** Si nos gusta un Gin-tonic muy aromático en nariz, es nuestra ginebra. En boca resulta más seco, pero combina bien con la tónica, que le aporta un punto picante. Se bebe bien.
4.5	**Con Sicilian Lemonade:** Frutal y especiada son aquí las palabras clave. En esta mezcla la persistencia es importante. Beber despacio y relajadamente.
3.5	**Negroni:** N4 Resinoso y ligeramente picante, da un Negroni bastante fresco con algunos frutos suaves como respaldo.
4.5	**Martini:** El ligero toque afrutado del vermú redondea esta combinación. La temperatura recorta las notas a ésteres, con lo que tiene más que decir en boca. Bueno.

BOTÁNICOS

Enebro • Raíz de angélica • Semillas de cilantro • Raíz de regaliz • Granos del paraíso (pimienta de Guinea) • Piel de limón • Piel de naranja • Ajedrea • Más 3 secretos

FIFTY POUNDS GIN 43,5% vol. alc.

El nombre procede de la tercera Ley de la Ginebra (las *Gin Acts*) de 1736 (*véase* p. 17), que imponía un cargo de 50 libras a los vendedores de ginebra al por menor, lo que dejó a muchos fuera del negocio o, simplemente, los hundió. La fabrica Charles Maxwell en Thames Distillers (*véanse también* pp. 79, 84, 93, 105 y 166) y viene en una botella muy pesada al estilo de las ginebras holandesas (*véase* p. 11). Es limpia y amplia, con una ligera nota vegetal y un tono por debajo a nuez y galleta. Luego toman la delantera los elementos cítricos (pieles congeladas/sorbete de limón), antes de que aparezca por detrás el enebro similar a salvia/pino. La violeta de Parma y el brillante especiado necesitan tiempo para dar la cara. Es densa y dulce en boca, con mucha salvia y lavanda al volverse más agresivo el enebro. Resulta untuosa y clásica.

CAMPO DE SABOR Enebro/Cítrico

3 **Gin-tonic:** Para ser una ginebra tan sólida, parece encogerse cuando se añade la tónica. La quinina destaca demasiado.

5 **Con Sicilian Lemonade:** Mucho mejor que la tónica. En este caso, los elementos cítricos de la ginebra encuentran una pareja más adecuada. Es muy refrescante.

4 **Negroni:** N2 Esta combinación parece permitir que se manifieste todo el surtido de aromas, incluyendo un nuevo elemento herbal/tomillo junto con un montón de cítricos y una dulzura equilibrada por el vermú.

4 **Martini:** Discreto en nariz y buen cuerpo en boca, con mucho enebro y niveles de complejidad aceptables. Rebajar la mezcla alarga la bebida y aporta un retrogusto levemente dulce. Si lo preferimos más seco, la proporción es 5:1.

BOTÁNICOS

No figuran, pero incluye: Enebro • Semillas de cilantro • Piel de limón • Piel de naranja

FINSBURY PLATINUM 47% vol. alc.

Hecha en Gran Bretaña, en Langley (*véase* p. 75), la marca se creó en 1740. Ahora se destina en exclusiva al mercado alemán, donde es una de las más vendidas. Su ubicuidad significa que es una ginebra a menudo olvidada. Existe una variedad premium con mayor graduación alcohólica. Los elementos aromáticos son más bien abrumadores, no sólo el cítrico del limón -el inicial- sino las notas florales, abundante cilantro y un toque terroso. Está presente la savia de enebro, al igual que un ligero toque metálico que tira a mineral. En boca comienza con una modesta sugerencia de una base de enebro, que se vuelve más rica y profunda de lo apreciado en nariz. En boca desvela firme nitidez y especias secas. ¿Demasiado rígida? Ya veremos.

CAMPO DE SABOR Cítrico	
3	**Gin-tonic:** Sí, resulta duro y austero, como una tía soltera a la que no divierte toda esta palabrería.
3	**Con Sicilian Lemonade:** Bastante árido también. Ni siquiera la cálida y agridulce influencia mediterránea consigue fundir su tieso corazón.
3	**Negroni:** N2 Limpio y bastante seco. Es difícil darle un giro; ni las seductoras atenciones del vermú lo logran. Todo muy sólido y formal.
4	**Martini:** En este caso, el vermú añade la necesaria dulzura, mientras que los elementos herbales permiten suavizar el conjunto y caldear, por fin, ese corazón helado. Un Martini limpio y bastante bueno.

BOTÁNICOS

Enebro • Semillas de cilantro • Raíz de lirio • Raíz de angélica • Jazmín • Corteza de casia • Piel de naranja amarga • Piel de limón • Piel de pomelo

FORDS 45% vol. alc.

Simon Ford fue durante muchos años el embajador de las ginebras Beefeater (*véanse* pp. 63-64) y Plymouth (*véase* p. 104) en Estados Unidos, y una leyenda de la industria. En 2013 decidió abandonarlo todo para abrir su propia empresa de licores, la 86 Co. Como era inevitable, quiso hacer una ginebra, así que empezó a trabajar con Charles Maxwell de Thames Distillers (*véanse también* pp. 79, 82, 93, 105 y 166). Lo primero que uno aprecia es lo bien equilibrado que está todo. Sí, es fuerte y concentrada, pero los botánicos parecen mostrarse de manera delicadamente afinada y ordenada. Los cítricos vibrantes aparecen primero, acompañados por enebro con acento a lavanda algo juguetón. A continuación surge la casia, antes de que la densidad floral del jazmín empiece a añadir riqueza. Más impulso cítrico en boca como preludio de una agradable sequedad. Está todo muy bien combinado.

CAMPO DE SABOR Enebro/Cítrico

4.5	**Gin-tonic:** Se liberan más cítricos de las pieles. Muy limpia en boca y con buena persistencia. El pomelo añade un cosquilleo final.
4	**Con Sicilian Lemonade:** Tiene más fuerza, lo que no es ninguna sorpresa, pero la clave aquí es cómo funciona la densidad en boca con el dulce y limpio final seco.
4	**Negroni:** N2 Desvela enebro con toque de pino/lavanda muy limpio, mientras las pieles colaboran con el vermú y el Campari. Hay un punto de dulzura que añade persistencia y sofisticación. Buen engranaje.
5	**Martini:** Elegante, aparecen algunos elementos herbales. Limpia y muy directa en boca. Muy bueno.

BOTÁNICOS

Enebro • Raíz de angélica • Corteza de casia • Raíz de lirio • Semillas de cilantro • Clavo • Comino • Piel de limón • Piel de naranja • Geranio • Más 1 secreto

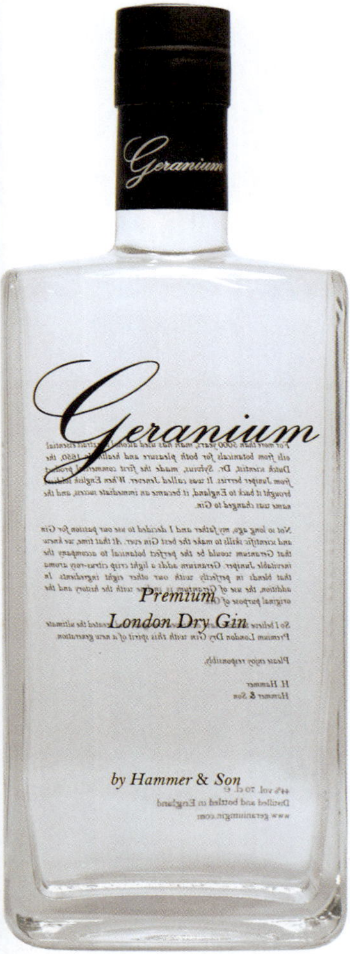

GERANIUM GIN 44% vol. alc.

En 2009, Henrik Hammer y su padre buscaban obsesivamente un nuevo botánico, que presentían que revelaría por completo la ginebra. El nuevo ingrediente fueron las hojas de geranio, algo menos escandaloso de lo que suena, ya que el geranio comparte moléculas de olor (en particular geraniol) con el enebro y los cítricos. Esta ginebra es destilada en Langley (*véase* p. 75). El geranio surge de inmediato con una nota caliente de rosa antigua-cítricos. Pronto es respaldado por lavanda, pino, limón y un minúsculo toque de clavo. La clave reside en la densa textura del alcohol, que contribuye a hacer que los botánicos recuerden más a la rosa. El geranio puede no perdonar, así que el equilibrio es crítico, pero lo logra por completo. En boca muestra frescura antes de que el enebro irrumpa con fuerza junto a pimientas y especias.

CAMPO DE SABOR Floral	
4.5	**Gin-tonic:** El perfume funciona bien: los elementos más secos, en el centro, actúan como una balanza.
3.5	**Con Sicilian Lemonade:** Es necesario aligerarla: se produce demasiado caos si queda muy fuerte. El gas combina bien, pero el geranio no es la pareja ideal.
3.5	**Negroni:** N4 Hay un gran elemento cítrico presente, además del perfume. Aterciopelado, con algo de rosa, aunque el conjunto se vuelve muy floral y dulce, con una ligera nota confitada.
5	**Martini:** Limpia y elegante como porcelana. Aporta suficiente frescura y no permite que las notas florales dominen gracias a la temperatura. Una bebida con verdadera clase. En otras palabras, prepararlo sencillo y dejar que hable por sí solo.

BOTÁNICOS

Enebro • Salvia • Borraja • Piel de limón • Piel de lima • Piel de naranja amarga • Semillas de cilantro • Raíz de angélica

GILPIN'S 47% vol. alc.

Producida en Thames Distillers (*véase* p. 79), se declara «el espíritu de Inglaterra». Limpia y muy seca en nariz, con la picante frescura del cilantro y notas a madera, que sugieren que la angélica ha desempeñado un importante papel. Avanza hacia una nota musgosa, seguida de un toque masivo de cítricos frescos con acento de lima. El enebro es ligero y se sitúa junto al núcleo herbal: otra vez ese claro en el bosque. Arranca dulcemente, después se adensa en el centro como conteniendo el aliento antes de exhalar en boca cítricos, hierbas y especias.

CAMPO DE SABOR Cítrico

3.5 **Gin-tonic:** Fresco y fragante, justo lo que uno desea en nariz. Irrumpen las notas similares a salvia del enebro. Limpio, pero le falta un poco de persistencia.

3.5 **Con Sicilian Lemonade:** Como ya están presentes los cítricos, se llevan bien. Resulta bastante sutil y juguetona, con un buen equilibrio. Esto cambia si no se consume deprisa lo que, por supuesto, nunca deberían hacer los bebedores responsables.

3.5 **Negroni:** N2 La ginebra parece un poco perdida al principio, pero luego desarrolla en boca un ligero toque a lavanda, que resulta limpio y muy fresco. Agradablemente picante al final.

3.5 **Martini:** Limpia; el vermú añade el elemento que faltaba, que aporta atractivo en boca y liga bien con la angélica. Mantiene buen carácter, ganando cuerpo y expresividad. Beber frío para que se liberen los aromas con el calor de la boca.

BOTÁNICOS

No figuran, pero se cree que incluye: Enebro • Semillas de cilantro • Raíz de angélica • Raíz de regaliz • Raíz de lirio • Piel de naranja • Piel de limón

GORDON'S 37,5% vol. alc.

La historia de Gordon's, la ginebra más vendida en Gran Bretaña, arranca en 1769 en Bermondsey, en el sur de Londres, cuando Alexander Gordon estableció su primera planta rectificadora. En 1786 se mudó a Goswell Road, en Clerkenwel, donde se fabricó su London dry (y muchas otras marcas) hasta 1989, fecha en que la producción se trasladó a Laindon, en el condado de Essex. Hoy, esta ginebra se hace en la destilería Diageo's Cameronbridge de Fife, Escocia. En 1992 la compañía rebajó la graduación alcohólica a 37,5, lo que no sólo la alineó con sus principales rivales en el campo de los licores blancos, sino que redujo los costes de producción y permitió destinar dinero a la publicidad.

Ligera y limpia, con cilantro a la cabeza. Hay pocos elementos cítricos a la vista, pero sí enebro ligeramente oleoso, con un toque de dulzura de la angélica al fondo. Aunque rica en términos de botánicos pesados, no posee gran intensidad. Se despliega agradablemente en boca. Ligera en boca, con cilantro, lirio y enebro con notas de pino al final.

CAMPO DE SABOR Especiado/Enebro	
2.5	**Gin-tonic:** Decente, pero algo carente del impacto de la ginebra (incluso en proporción 2:1). Parece más tónica con ginebra que ginebra con tónica. La sequedad de la tónica enfatiza las raíces.
X	**Con Sicilian Lemonade:** Curiosamente, huele como judías estofadas y desentona en la lengua, añadiendo un elemento levemente jabonoso.
3	**Negroni:** N3 Es difícil detener el avance de ese cilantro, aunque hay un poco de angélica agazapada detrás del vermú y el Campari. Un aperitivo ligero.
3	**Martini:** Leve nota a raíces, como cabría esperar de una ginebra de baja graduación alcohólica. No muestra particular peso o persistencia.

BOTÁNICOS

No figuran, pero se cree que incluye: Enebro • Semillas de cilantro • Raíz de angélica • Raíz de regaliz • Raíz de lirio • Piel de naranja • Piel de limón

GORDON'S EXPORT 47,3% vol. alc.

Es la Gordon's que disfrutan en el resto del mundo, y disfrutar es la palabra correcta. Aunque es exactamente la misma ginebra que la de 37,5% (*véase* p. 87), esta ofrece mucho más en términos de notas altas, con piel de limón y confitura de lima. Al mismo tiempo resulta más brillante, como si hubiesen permitido al sol lucir. Hasta los botánicos más pesados tienen más energía y la raíces desempeñan un papel menos punzante. El cilantro es ahora cítrico, además de picante, y menos contundente. El enebro tiene lavanda y mentol, incluso hay un toque a hoguera apagada. Parece una ginebra diferente. Se trata de una London dry al viejo estilo, en cuanto a densidad y presencia del enebro, pero también posee el impulso y la energía cítricos del limón. Limpia y mentolada. No hay comparación.

CAMPO DE SABOR Especiado/Enebro

3	**Gin-tonic:** Una vez más, el enebro se impone y se disipa la energía que se percibe al tomarla sola.
3.5	**Con Sicilian Lemonade:** Aumenta la presencia de enebro, que se funde bien con el refresco. Una mezcla interesante, quizá también en un Collins (*véase* p. 188), aunque resulta ligeramente corta al final.
4	**Negroni:** N1 Se impone el cilantro, pero en boca fluye el enebro. Buen equilibrio.
3.5	**Martini:** El enebro adquiere más peso y el vermú se alía con los elementos herbales de fondo. Aparecen los cítricos, lo que permite que el picante cilantro surja en medio. Un Martini del montón.

BOTÁNICOS

Enebro • Semillas de cilantro • Piel de limón • Raíz de angélica • Raíz de lirio • Raíz de regaliz • Corteza de casia • Almendra amarga

GREENALL'S DRY GIN 37,5% vol. alc.

La destilería de ginebra Warrington de Cheshire, noroeste de Inglaterra, fue fundada en 1761 por Thomas Dakin (*véase* p. 69). Perteneció a la familia durante cien años antes de su fusión y posterior adquisición por la cervecera local Greenall's (*véanse también* pp. 65, 67, 94 y 102). Es un importante destilador, muy respetado, que fabrica sus propias marcas, además de ginebras para otros (incluida la Bombay hasta 2014). Joanne Moore es la maestra destiladora.

Se trata de la versión de menor graduación alcohólica de la receta original de Dakin de 1761 y se destila en alambiques. Reduce la complejidad en las notas altas cítricas, y conserva la gama alta del enebro y la piel de limón. Es fresca y precisa, el sello de Greenall's. Es una ginebra clásica, de estilo London dry ligero con notas a jengibre y lima. El comienzo es un poco lento, pero hay un buen equilibrio, lo que contribuye a impulsar el sabor en boca. Al final se impone el enebro, junto a la violeta y la casia.

CAMPO DE SABOR Cítrico/Enebro

3	**Gin-tonic:** Ligera, pero funciona. Fiable, limpia y con carácter. Aunque su poca fuerza significa que tiene escasa persistencia, resulta más que aceptable.
4	**Con Sicilian Lemonade:** El refresco empieza muy fuerte en nariz, pero en boca tiene brío y empuje. Hay un atractivo toque a corteza cítrica que mantiene el interés.
3	**Negroni:** N2 Limpia y fresca, con ese tono cítrico más alto que contribuye a aumentar la sensación general de frescura. No obstante, le falta penetración.
3.5	**Martini:** Adquiere un ligero toque a nueces y conserva su perfume cítrico a enebro. Consigue que el vermú no se imponga.

BOTÁNICOS

Enebro • Semillas de cilantro • Nuez moscada • Canela • Raíz de angélica • Raíz de lirio • Corteza de casia • Raíz de regaliz • Piel de naranja • Piel de limón

HAYMAN'S LONDON DRY

40% vol. alc.

La familia Hayman ha estado destilando ginebra durante cuatro generaciones. Ahora está al frente Christopher Hayman, su hijo James y su hija Miranda. Desde 2013 sus ginebras se elaboran en la sede de Witham, en el condado de Essex. Su historia habla de tradición, al igual que su denominación London dry. Es de apariencia muy limpia, con un brillo plateado y en nariz se percibe de inmediato: enérgica, radical y robusta, con un potente principio a enebro. Este deriva hacia el pino a medida que la violeta de Parma/terrosidad del lirio y la angélica (aquí disfrazada de apio) toman el relevo. Si hacemos una pausa tras este asalto frontal, apreciamos cilantro, casia, macis y canela, antes de que se sumen notas altas de limón y lima. En boca es satinada y sedosa, con cítrico (ahora convertido en confitura), enebro y dulce regaliz que reviste la boca. Al final aparecen enebro y raíces secas. Posee un equilibrio excelente.

CAMPO DE SABOR Enebro

5	**Gin-tonic:** Enérgica, la tónica extrae angélica y regaliz, a la vez que añade una leve dulzura que contribuye al equilibrio. El final es seco, pero se puede mejorar con una rodaja de lima.
3.5	**Con Sicilian Lemonade:** En este caso, destacan cítricos y regaliz; después, un paso por detrás, las especias con el enebro y las raíces.
4.5	**Negroni:** N1 Cantidad de enebro; el vermú añade dulzura y profundidad, y el amargor del Campari se funde con la piel de naranja y la angélica. Una combinación buena y fiable.
4.5	**Martini:** Incluso en una proporción 4:1 sigue siendo un Martini totalmente seco y fiable, al que el vermú añade apenas un sutil giro herbal. Buen equilibrio.

BOTÁNICOS

Enebro • Semillas de cilantro • Nuez moscada • Canela • Raíz de angélica • Raíz de lirio • Corteza de casia • Raíz de regaliz • Piel de naranja • Piel de limón

HAYMAN'S ROYAL DOCK

57% vol. alc.

Aseguremos las escotillas amigos, porque se avecina una tormenta. La familia Hayman presume de hacer ginebras ultratradicionales y la andanada de esta *naval-strengt* (57°) pura sangre no es una excepción. Elaborada con los diez botánicos estándar de Hayman (página anterior), pero en una proporción diferente, es sorprendente cómo queda enmascarado el alcohol, que no resulta excesivo. Al inicio, hay cilantro con limón, luego recuerdos del solsticio de invierno con pino, pieles combinadas, jengibre y cilantro. El agua aporta un poco de sombra a tanta nota caliente. En boca es muy pura y atractiva, pero, admitámoslo, necesita agua. Hace que resulte densa y envolvente en boca, con una explosión de botánicos y un suspiro de violeta de Parma al final.

CAMPO DE SABOR Enebro	
5*	**Gin-tonic:** Hace falta aligerarla considerablemente para lograr el equilibrio. Así resulta más agradable y la tónica añade en paso de boca un poco de humedad.
3.5	**Con Sicilian Lemonade:** Sorprendentemente cítrico. Uno se pregunta dónde ha ido a parar la ginebra, pero luego se condensa en la lengua y la mezcla resulta demasiado seca, ya que los dos elementos trabajan con distintos propósitos.
5*	**Negroni:** N1 Es algo difícil de creer. Se comporta (casi) demasiado bien, como el Increíble Hulk en su encarnación como Bruce Banner. La ginebra logra influir en cada aspecto de la bebida y maximizarlos, pero el conjunto es integrado.
5	**Martini:** Remover bien un rato para su dilución; esto es peligroso y debería limitarse a una copa por sesión. Debe estar frío porque el vermú añade otra capa al paso por boca. ¡Después de uno de estos deseo romperme la cabeza!

BOTÁNICOS

Enebro • Raíz de angélica • Semillas de cilantro • Bayas de cubeba (pimienta de Java) • Raíz de lirio • Manzanilla • Semillas de alcaravea • Flor de saúco • Reina de los prados • Piel de limón • Piel de naranja • Más esencias de rosa y pepino tras destilación

HENDRICK'S 41,4% vol. alc.

Charles Grant Gordon era un hombre de whisky (su familia producía Glenfiddich, Balvenie y Grant's), pero como muchos hombres de whisky también era un amante de la ginebra y quería dar con una que oliese como un picnic en una rosaleda inglesa. El resultado fue Hendrick's. En su destilería de grano Girvan, en la localidad escocesa de South Ayrshire, se destilan dos tandas de los mismos botánicos (en porcentajes ligeramente diferentes) dentro de dos alambiques, un Carter-Head y un Bennett del siglo XIX. Luego se mezclan antes de incorporar las esencias de rosa y pepino. Si esto fuese un jardín, sería uno en el que el enebro estaría escondido entre la vegetación, permitiendo que los florales ligeros y las herbáceas retozasen en el césped. Dominan las semillas de cilantro, que aportan notas altas cítricas y un toque especiado.

CAMPO DE SABOR Especiado	
3	**Gin-tonic:** Suave, permite que se impongan los florales. También resulta llamativamente dulce. En boca se adelanta el cilantro, que choca con la quinina. Las raíces con notas terrosas aparecen al final.
4	**Con Sicilian Lemonade:** Una combinación más exitosa y brillante. Realza la naturaleza dulce de la ginebra, mientras el cilantro muestra su lado cítrico. Controlada en boca, especiada y fresca al final en lugar de terrosa.
3.5	**Negroni:** N3 El Campari lleva aquí la voz cantante, así que hay que rebajarlo (así como el vermú) para equilibrarlo. No funciona demasiado mal y resulta agradable si se impone el cilantro.
3.5	**Martini:** La mezcla ha de ser muy húmeda para dar al vermú una oportunidad de suavizar las cosas y que se alíen con las notas altas. Correcto.

BOTÁNICOS

No figuran, pero solamente los tradicionales de la London dry en el siglo XIX.

JENSEN'S BERMONDSEY

43% vol. alc.

Con su presentación mínima, la primera ginebra de Christian Jensen salió al mercado en 2004. Ganó muchos seguidores gracias a su estilo limpio con fuerte olor a enebro. Era una ginebra seca tradicional sin pretensiones. Durante la primera década fue producida por Charles Maxwell en Thames Distillers (*véanse también* pp. 79, 82, 84, 105 y 166), pero ahora la produce la destilería Jensen de Bermondsey, en el sur de Londres. La cata corresponde al producto de esta última etapa.

Esta ginebra ensalza el enebro. Marcadas notas de pino y salvia, seguidas de notas suaves de regaliz, anís y violeta. Sólo entonces se liberan el cilantro y las pieles de cítricos, que añaden notas especiadas dulces y jugosa mandarina. Se mantiene bajo control toda posible terrosidad por la untuosidad del alcohol. El sabor al inicio es casi discreto, evoluciona en boca con una nota a almendras hacia el final. Es apacible, metódica, precisa y compleja.

CAMPO DE SABOR Enebro	
5*	**Gin-tonic:** Un Gin-tonic de la vieja escuela. La tónica añade efervescencia y una ligera sequedad, lo que permite a la ginebra expresarse. Con el tiempo empiezan a manifestarse elementos terrosos. Buena persistencia.
3.5	**Con Sicilian Lemonade:** Presencia de una terrosidad seca, un poco molesta al comienzo; mejora una vez que llega a la lengua.
5	**Negroni:** N1 Seca, con raíces/enebro intensos y más violeta de Parma. Amplia y muy agradable; se podría masticar.
5	**Martini:** Como era de esperar, el enebro está en primer plano, mientras que el vermú aporta un suave respaldo. En boca avanza despacio y resulta equilibrada. Rico.

BOTÁNICOS

11 en total, que incluyen: Enebro • Piel de naranja • Piel de limón • Semillas de cilantro • Raíz de regaliz • Corteza de roble

LANGTONS Nº 1 40% vol. alc.

Fabricada para Nick Dymoke-Marr y Tim Moor por Greenall's (*véanse también* pp. 65, 67, 89 y 102), utiliza agua que ambos extrajeron de un pozo perforado bajo Skiddaw, una montaña en Lake District, noroeste de Inglaterra. Es una ginebra amplia, aunque prefiere que el enebro sea un colaborador callado y que se imponga un toque herbal. Como muchas nuevas ginebras presenta un toque de frambuesa, que aporta una sensación de dulzura en nariz, junto con rosa y un elemento ligero de verdura a espinaca fresca (que no resulta desagradable). En boca se percibe más apio, con enebro y una creciente dimensión cítrica. Teniendo en cuenta que todo tiene un tono alto, los elementos pino/raíces desempeñan un papel importante a la hora de rebajar algunos de los aromáticos con mayor excitabilidad. El final en boca es muy suave.

CAMPO DE SABOR Cítrico/Floral

2.5	**Gin-tonic:** Surge como algo ligeramente artificial, que recuerda a las gominolas; luego aparecen más frutos antes de que Ginny desnude su corazón.
2.5	**Con Sicilian Lemonade:** El refresco se impone a la ginebra.
4	**Negroni:** N4 Probemos con esta proporción para preservar la textura y los aromas de la ginebra, y permitir que los ingredientes añadan densidad en boca. El resultado es fresco y floral, con algo de enebro; jugosa en boca. Limpia y agradable.
3.5	**Martini:** Los elementos aromáticos se imponen, por lo que es adecuada para el nuevo bebedor de ginebra. Un toque de alcachofa en boca, luego rosa y cierta profundidad. Final limpio.

BOTÁNICOS

No figura, pero incluye: Enebro • Semillas de cilantro • Piel de limón • Piel de naranja dulce

LONDON HILL 40% vol. alc.

Una veterana elaborada por el destilador/mezclador de whisky Ian MacLeod en la destilería Langley (*véase* p. 75). Es otra que pasa desapercibida por... Bueno, no estoy muy seguro: ¿la presentación, el precio (demasiado bajo)? Sea cual sea el motivo, merece un nuevo examen. Es un peso medio entre las London dry. Combina enebro, que recuerda a gaulteria, con balsamina, piel de cítricos y una nota especiada a cilantro. Todos trabajan juntos mientras el aroma evoluciona hacia flores del bosque, piel de naranja y angélica. En boca es suave al inicio y sólo cobra energía al llegar a la lengua. Una ginebra clásica, de la vieja escuela, en la que domina el enebro.
De verdad, me gustaría verla con una graduación más alta.

CAMPO DE SABOR Enebro

3.5 **Gin-tonic:** Las burbujas parecen volverla mucho más brillante. Efervescente con un final de boca ligeramente amargo. Seca, así que le hace falta una rodaja de lima.

3.5 **Con Sicilian Lemonade:** Aunque es un tipo de combinación del montón, muestra cierto peso y duración, con notas altas atractivas. Probablemente la emplearía mejor en un fizz.

3.5 **Negroni:** N1 Más bien contenida y suave, con el eco de notas profundas. Se comporta bien en boca, donde se vuelve más ligera y cítrica, con un agradable toque amargo al final.

4.5 **Martini:** La transformación es sorprendente, como si las otras combinaciones no estuvieran a su altura. El Martini se viste de gala, saca brillo a sus gemelos y se convierte en un distinguido caballero. Fresco y maravilloso.

BOTÁNICOS

Enebro • Raíz de regaliz • Raíz de lirio • Canela • Almendra • Ajedrea • Semillas de cilantro • Corteza de casia • Piel de limón • Piel de naranja • Más infusión con flores de gardenia y bergamota

THE LONDON Nº 1 47% vol. alc.

Elaborada en Thames Distillers (*véase* p. 79) para la marca de jerez González Byass, empieza como una London dry clásica, pero experimenta una larga maceración con flores de gardenia que vuelve todo azul. Al comienzo se muestra un poco tímida -sorprendente, teniendo en cuenta la graduación- y de estilo herbal. Bastante discreta, destacan la piel de naranja y la bergamota, después delicado enebro, eucalipto y tomillo silvestre. Tiende más a ginebra española que británica. En boca es fresca y más densa de lo esperado, ligeramente picante con flores frutales.

CAMPO DE SABOR Cítrico/Herbal	
5	**Gin-tonic:** Muy realzada por la tónica, resulta una mezcla exuberante y exótica. Se puede aligerar la combinación, pero es mejor tomarla fuerte, al gusto español.
3.5	**Con Sicilian Lemonade:** El refresco domina en nariz, pero en boca recupera una cierta unidad. Una bebida suave para adultos.
3.5	**Negroni:** N2 Ligeramente apagada en nariz, sabor persistente en boca. Amplia y dulce, con cierto brío y estilo.
4	**Martini:** Vale, es azul, pero si nos ofende el color podemos beber a oscuras. Suave y dulce, destaca la bergamota y algo de enebro. Contenido y agradable.

BOTÁNICOS

Enebro • Semillas de cilantro • Raíz de angélica • Raíz de lirio • Raíz de regaliz • Corteza de casia • Piel de limón • Piel de lima • Piel de naranja • Más esencia de pepino añadida después de la destilación

MARTIN MILLER'S 40% vol. alc.

Cuando apareció en 1999, la mayoría de los amantes de la ginebra se preguntaron a qué estaba jugando el difunto Martin Miller con su empleo de agua de Islandia y esencia de pepino. Poco podíamos imaginar que semejantes prácticas se convertirían en la norma. La nueva ginebra había llegado para quedarse.

Sigue manteniendo una mezcla de 10 botánicos, destilados por Langley (*véase* p. 75) en dos tandas: raíces y especias, seguidas de cítricos, que a continuación se combinan con el pepino antes de enviar todo a Islandia para su dilución en agua de glaciar. Dominan los cítricos: lima, naranja, mandarina, limón y un toque ligero de cilantro (también cítrico), y detrás algo de resina de enebro. Es todo muy vibrante, pero mantiene su persistencia. En boca es más bien dulce y ligeramente ceroso. En boca, empieza a volverse seca muy rápidamente, aunque persiste a nivel aromático los cítricos. Acaba con un toque a fruta encerada.

CAMPO DE SABOR Cítrico	
4	**Gin-tonic:** Bueno, en este caso no hace falta preguntarse qué tipo de corteza cítrica usar. Ninguna. Sorprendentemente fresca y vibrante. Aunque la explosión inicial se apaga, tiene impulso.
4	**Con Sicilian Lemonade:** Es extraño cómo un refresco cítrico hace aflorar las raíces, al tiempo que introduce un poco de dulzura en el centro.
3.5	**Negroni:** N2 El elemento cítrico continúa siendo el principal protagonista, pero sin el toque ceroso. Bien equilibrada en boca, con naranja amarga, aunque un punto amargo/dulce otorga a todo cierta astringencia.
4	**Martini:** Fresco y muy ceroso. La incorporación de vermú actúa como detonante de las notas aromáticas altas, que lo hacen más perfumado. Posee un impulso apropiado.

BOTÁNICOS

Enebro • Semillas de cilantro • Raíz de angélica • Raíz de lirio • Piel de limón • Piel de naranja • Corteza de casia • Piel de lima • Nuez moscada • Canela • Esencia de pepino añadida tras la destilación

MARTIN MILLER'S WESTBOURNE STRENGTH

45,2% vol. alc.

Su nombre procede del local original de Martin Miller en Westbourne Grove, en el barrio londinense de Notting Hill. Es fascinante ver la diferencia entre esta y la original (*véase* p. 97). Posee mayor graduación y aunque los botánicos son los mismos, varían las proporciones. El resultado es una ginebra con un carácter más amplio. El estallido cítrico que define a su hermana se serena aquí, lo que permite un mejor equilibrio entre todos los botánicos: parece haber más presencia de angélica. Es más profunda, casi otoñal, mientras que la original era definitivamente primaveral. Llena y ligeramente vegetal, en boca hay una mayor presencia de limón y se impone más el enebro. Conserva el punto ceroso que es su sello de identidad, pero rebajado. Al final hay un toque a cortezas de cítricos y muestra buena integración.

CAMPO DE SABOR Cítrico/Enebro

4	**Gin-tonic:** En una proporción 2:1 la cosa se pone seriamente alcohólica. Levemente confitada al mezclar, pero sólida y muy seca en boca, con suficiente cítrico para que la quinina no se alíe con las raíces y lo arrastre todo. Buena persistencia.
3	**Con Sicilian Lemonade:** Aroma ligeramente cocido al empezar; la cerosidad se acentúa a medida que se combinan los elementos cítricos. Una mezcla decente.
3.5	**Negroni:** N2 Sigue siendo cerosa, con un poco de salvia. El vermú añade algunos frutos maduros. Equilibrada y bastante seca.
4.5	**Martini:** Muy cítrica y elegante. El alcohol contribuye en la configuración, con el vermú como telón de fondo. Buena densidad en boca. La cera se convierte en una viscosa oleosidad.

BOTÁNICOS

Enebro • Corteza de casia • Semillas de cilantro • Raíz de angélica • Clavo • Comino

MOMBASA CLUB 41,5% vol. alc.

Tenemos la Old Raj (*véase* p. 101), así que supongo que es inevitable que haya otra ginebra que nos recuerde los días del Imperio británico. Hecha por Thames Distillers (*véase* p. 79) con una mezcla botánica orientada hacia las especias (muy apropiado, dado que Mombasa se encuentra frente a Zanzíbar, la isla de las especias). En nariz es seca, con un montón de aceite de nueces, un pequeño estallido de comino cítrico/terroso, cantidad de calvo y nuez moscada. Es un poco como un *garam masala* alcohólico. En boca es suave y especiada, por supuesto, seca en el centro. Luego se expande agradablemente para finalizar con enebro similar a lavanda, violeta, pimienta negra y nuez moscada.

CAMPO DE SABOR Especiado

3	**Gin-tonic:** Resulta bastante original e interesante, como «post-coital skin». Uno se siente un poco *voyeur* sólo con olerla. Sin embargo, la falta de notas altas reduce este efecto; ayudan unas gotas de limón.
5	**Con Sicilian Lemonade:** Si buscamos notas altas, esto nos las da. Aparecen elementos cítricos en el cilantro y el comino. Recomiendo probarla también en un Collins (*véase* p. 188), porque esta mezcla funciona.
3.5	**Negroni:** N2 Puede que el especiado sea el rasgo dominante, pero lo es tanto que hay que aumentar el vermú para conseguir un equilibrio. Cuando eso sucede, se obtiene una bebida ligeramente inquietante, que de hecho resulta bastante divertida.
3.5	**Martini:** Todo se vuelve más bien navideño, lo que no es mala cosa. Podría funcionar en un ponche caliente con ginebra (*véase* p. 190). En este punto, no obstante, lo que tenemos es un Martini extraño. Mejor como un cóctel Martinez.

BOTÁNICOS

Enebro • Semillas de cilantro • Raíz de lirio • Piel de pomelo • Piel de naranja • Cardamomo

Nº 3 46% vol. alc.

La venerable casa de espirituosos y vinos londinense Berry Bros. & Rudd, establecida desde 1698 en el número 3 de St. James Street, abastecía a los caballeros de la capital cuando la plebe abrió las compuertas a Mother's Ruin.

Se introdujo en el sector premium en 2010 con el lanzamiento de esta ginebra N.° 3. Diseñada por el Dr. David Clutton y destilada en Holanda, hace un guiño tanto a la historia de la ginebra con la simplicidad de su receta botánica como a la actualidad con la inclusión del pomelo. Elegante y rica en nariz, con cálidas notas mentoladas de cardamomo antes de que se liberen notas de pino y lavanda. Justo cuando parece descender inexorablemente hacia las raíces, aparecen pomelo, naranja y cilantro para aportarle brillantez. En su momento, las pieles ocupan la primera posición, mientras el agua extrae una agradable terrosidad de la raíz de lirio. En boca es limpia y suave.

CAMPO DE SABOR Especiado/Enebro

4	**Gin-tonic:** Por detrás aparece el cardamomo. Bastante fragante primero, se sumerge luego profundamente en el enebro. Posee persistencia y buena duración.
3	**Con Sicilian Lemonade:** Aquí se produce cierto conflicto: las pieles amargas de la limonada y el cardamomo de la ginebra no se llevan precisamente bien.
5	**Negroni:** N2 El pomelo es el arma secreta en este caso, ya que ofrece el corte transversal, mientras enebro y cardamomo hacen migas con el vermú. El Campari se integra bien y añade sus propios picotazos ferozmente dulces. Una bebida muy urbana.
5*	**Martini:** Aquí da lo mejor de sí misma. Exótica, con todos los elementos en armonía. Uno se hace una idea de su peso y riqueza con la suficiente dulzura aliada al vermú para sostenerlo.

BOTÁNICOS

Enebro • Semillas de cilantro • Raíz de angélica • Raíz de lirio • Corteza de casia • Almendra • Piel de limón • Piel de naranja • Coloreada con azafrán tras la destilación

OLD RAJ 55% vol. alc.

Legendaria, más aún, ginebra de culto, la Old Raj se hace en la destilería de whisky Springbank de Campbeltown, en la península escocesa de Kintyre. La característica más destacada que la da fama es el uso de una pequeña cantidad de azafrán después de la destilación, que le otorga un matiz amarillo limón. Incluso con esta graduación alcohólica es más sutil aromáticamente que la marca hermana Cadenhead Classic (*véase* p. 76). Predominan pino y cítricos. Aunque sin duda es seca, hay una pequeña inflexión herbal, un cosquilleo de mentol, un ligero impulso floral y la suavidad profunda del azafrán y la almendra. La sensación es densa y viscosa, al principio con enebro intenso previo a un estallido cítrico burbujeante, luego raíces equilibradas. El alcohol añade cierto filo. Es una ginebra fiable de viejo estilo. ¿Qué esperábamos?

CAMPO DE SABOR Enebro/Cítrico	
4.5	**Gin-tonic:** Buen arranque aromático cítrico. También, gracias a la alta graduación, adecuada persistencia. Es limpia y larga. En una palabra: funciona.
5*	**Con Sicilian Lemonade:** Las notas cítricas altas y el pino se funden. En boca surge un elemento fragante. Una de esas bebidas en las que la suma es mayor que las partes.
4	**Negroni:** N1 La ginebra es limpia, con un aspecto ligeramente meloso debido al alcohol base. La mezcla impulsa los cítricos; el enebro y las raíces se hunden en el cómodo colchón del vermú.
5*	**Martini:** Ligeramente untuoso en proporción 4:1, ya que el vermú hace aflorar más aspectos florales, pero hay que aligerarla un poco por la alta graduación. Elegante, con auténtica personalidad.

BOTÁNICOS

No figuran, pero incluye: Enebro • Semillas de cilantro • Raíz de angélica • Bayas de cubeba (pimienta de Java) • Cardamomo • Jengibre • Pimienta negra • Piel de naranja • Piel de limón • Piel de pomelo

OPIHR 40% vol. alc.

Una ginebra especiada fabricada por Greenall's (*véanse también* pp. 65, 67, 89 y 94) que huele como la comida india *takeaway:* esa mezcla de granos de pimienta, cubeba, comino, cilantro, árbol del curry, cúrcuma y alholva. Uno se imagina que mastica *poppadum* (torta de pan indio crujiente). Es difícil descubrir dónde se oculta el enebro. Al comienzo es menos cálida y picante en boca. Engaña con una falsa sensación de seguridad, porque luego irrumpen traviesas las especias. Para ser honestos, quizá se pasa un poco de rara, pero al mismo tiempo atrae, como a menudo ocurre con este tipo de cosas.

CAMPO DE SABOR Especiado (y algo más)

4.5	**Gin-tonic:** No esperaba que funcionase: la ginebra es rotunda y el enebro está escondido, pero resulta. Imaginémonos un restaurante indio, en qué tomaríamos con un curry... es esta. ¿Es un Gin-tonic? Es algo distinto, pero es bueno.
X	**Con Sicilian Lemonade:** Me temo que es un no. La dulzura es un inconveniente y el feroz especiado acaba provocando un choque amargo.
4	**Negroni:** N1 El cardamomo hace acto de presencia al tiempo que la pimienta y el jengibre, pero en boca todo se integra y las especias sólo asoman por completo al final. Un montón de diversión.
2.5	**Martini:** Como es de imaginar, no es una ginebra que se deje anular o a la que se pueda dar nueva forma. Aunque la temperatura hace descender la intensidad de las especias, en boca es un caos.

OXLEY 47% vol. alc.

Empezó como un experimento de Bacardi (propietario de Bombay Sapphire, *véase* p. 70) de destilar a bajas temperaturas (al vacío) para impedir la cocción de los ingredientes. Se fabricaba en una unidad especial de Thames Distillers (*véase* p. 79). Cada uno de los 14 botánicos es tratado individualmente, empaquetado al vacío y congelado para retener su intensidad. Después, se destilan juntos.

En nariz presenta una nota similar a hinojo, algo de regaliz, naranja amarga intensa y mandarina, antes de que aparezcan las especias con una nota baja de enebro. El agua hace que resulte casi seca y más exótica. En boca, uno tiene la sensación de que los botánicos estallan lentamente en la lengua. Se vuelve bastante aromática y picante en el final de boca, largo y limpio, con un poco de mentol, macis, regaliz ligeramente dulce y enebro. Lo mejor es saborearla fría, sola y con hielo.

BOTÁNICOS

Enebro • Semillas de cilantro • Raíz de angélica • Raíz de regaliz • Vainilla • Reina de los prados • Piel fresca de pomelo • Piel fresca de limón • Piel fresca de naranja • Cacao • Corteza de casia • Granos del paraíso (pimienta de Guinea) • Nuez moscada • Raíz de lirio

CAMPO DE SABOR Cítrico/Especiado	
3.5	**Gin-tonic:** Limpia y fresca, con más pomelo. Sigue resultando más bien ligera, así que mejor prepararlo corto y beberlo deprisa.
3	**Con Sicilian Lemonade:** El limón amargo desborda ligeramente a la ginebra, pero la reunión en boca de los elementos secos, húmedos, dulces y amargos resulta interesante. También en este caso, es mejor una dosis pequeña y rápida, al estilo fizz.
3.5	**Negroni:** N2 La delicadeza de la ginebra necesita una proporción más ligera. De hecho, yo reemplazaría el Campari por Aperol. Incluso así, hay demasiado para lograr un justo equilibrio.
3.5	**Martini:** Opté por la relación 5:1 y resultó nítidamente apagado. Sigue siendo una ginebra delicada, lo que me hace preguntarme si no sería este un Martini clásico para el desayuno, o si es una propuesta irresponsable.

BOTÁNICOS

Enebro • Semillas de cilantro • Piel de limón • Piel de naranja dulce • Raíz de angélica • Raíz de lirio • Cardamomo

PLYMOUTH GIN 41,2% vol. alc.

Mister Coates abrió su destilería Black Friars en 1793. Buscaba hacer un espirituoso superior y a mediados del siglo XIX producía más de 1.000 barricas al año para la Armada británica. Cuando llegó la década de 1980, hacía mucho tiempo que la gloria de la ginebra Plymouth se había desvanecido. Propietarios poco interesados habían rebajado la graduación y cambiado la receta. En 1996, Charles Rolls (ahora en Fever-Tree) compró la marca, elevó la graduación alcohólica y recuperó la antigua fórmula. La Plymouth había regresado. Hoy forma parte de Chivas Brothers, propiedad de Pernod Ricard.

Lidera el enebro suave, con un toque de brezo, junto con algo de cítrico, antes de pasar al mentol, salvia y una dulzura delicada. Equilibrada y serena en la lengua, con una sensación de botánicos descendiendo en capas, en lugar de extenderse por toda la lengua. Luego aumenta la nota de pino, con los cítricos equilibrando. Lo remata una lenta oleada de violeta y raíces muy poco pronunciadas.

CAMPO DE SABOR Enebro

4.5 **Gin-tonic:** Buena persistencia del enebro; bastante ligera y equilibrada. Combina bien con la tónica y tiene cierta duración.

4.5 **Con Sicilian Lemonade:** El cítrico suave y el limón en perfecto acuerdo. Fresca y con empuje.

5 **Negroni:** N1 La naranja, respaldada por los demás ingredientes, es aquí la clave. Complejo y decadente, sedoso y atractivo en boca.

5* **Martini:** El vermú aporta notas de seto a la compleja mezcla y la textura oleosa se adensa, dando un Martini muy sensual. Gran personalidad, agradable y largo.

BOTÁNICOS

Enebro • Piel de limón • Piel de naranja amarga • Semillas de cilantro • Raíz de lirio • Raíz de angélica • Corteza de casia • Raíz de regaliz • Nuez moscada

PORTOBELLO ROAD Nº 171

42% vol. alc.

Esta ginebra fue creada por una leyenda entre los camareros londinenses, Jake Burger, junto a su socio Ged Feltham. Es elaborada de acuerdo con las especificaciones del maestro destilador Charles Maxwell en Thames Distillers (*véanse también* pp. 79, 82, 84, 93 y 166). Es limpia y picante, con la nuez moscada y la casia imponiéndose a los discretos (aunque evidentes) enebro mentolado y cilantro. La angélica aporta un ligero elemento a hortaliza verde. Compleja e ingeniosa, necesita tiempo para desarrollarse. Revive cuando es diluida, con más presencia de pieles, violeta y canela. En boca es limpia y ligeramente oleosa –se adhiere a la lengua–, con todos los elementos bien engastados: un toque de enebro, un puntito cítrico, una pizca de especias y, al final, un montón de casia y nuez moscada. Jake y Ged también regentan el London Ginstitute encima de su bar, The Portobello Star, en el 171 de Portobello Road, en el barrio de Notting Hill.

CAMPO DE SABOR Especiado/Enebro

3.5	**Gin-tonic:** Sutil y limpio, con carácter y persistencia, aunque el final quizá resulta un poco abrupto si uno se olvida de añadir un toque cítrico.
4	**Con Sicilian Lemonade:** Mucho mejor que el Gin-tonic. Tiene impulso y permite que florezca la ginebra sin hacer hincapié en los elementos más amargos.
5	**Negroni:** N2 Se trata de un gran Negroni, suculento y con peso. El vermú añade sensación de control mientras las especias, el enebro y el Campari retozan alegremente.
5	**Martini:** Como cabe esperar de la ginebra de un barman, está hecha para cócteles y en el Martini es donde se luce. Limpia, firme, con varios niveles, aunque contundente, nunca se impone. Es cuando resulta más equilibrada.

BOTÁNICOS

12 en total, que incluyen: Enebro • Cardamomo • Nuez moscada • Incienso

SACRED GIN 40% vol. alc.

Ian Hart es un revolucionario. Demostró cómo es posible hacer ginebras de fama mundial en la comodidad (relativa) de una casa. Desde 2009 viene destilando botánicos individualmente en un recipiente de vacío y combinándolos luego en un surtido en continua expansión.

Esta es su marca de referencia. Además de otros 11 botánicos emplea árbol del incienso, cuyo nombre latino *Boswellia sacra* da su nombre a la destilería. Es elegante y contenida en nariz, con buen equilibrio entre los diferentes elementos. La nota dominante es cítrico fresco, mientras que el enebro mantiene una nota baja. Es sutil y serena. Uno se pregunta si algo podría, o debería, alterar un equilibrio tan excelente. En boca, los aromas siguen siendo precisos y sutiles, la profundidad resinosa del incienso se deja notar al mismo tiempo que la lavanda ligera, el intenso cítrico fresco y el cálido especiado dulce. Aunque posee cierta fogosidad, es como Audrey Hepburn golpeando el suelo con el pie. Tranquilidad es la palabra.

CAMPO DE SABOR Cítrico/Especiado

3.5	**Gin-tonic:** Definitivamente, incienso y más cítricos. Una buena sensación en boca –es una ginebra para paladear–, pero sin gran persistencia.
3	**Con Sicilian Lemonade:** Muy sutil y bastante agradable. Como era de sospechar, no hay bastante para hacerse notar.
5*	**Negroni:** N2 Los aromáticos se expresan bien, con un punto exótico añadido junto a un toque de menta. En boca suave y perfumada. Compleja y fiable. Demuestra clase.
4.5	**Martini:** Funciona y lo hace bien, pero sólo si se reduce el vermú a la proporción 6:1, lo que permite que esta sutil ginebra se luzca. Buena complejidad.

BOTÁNICOS

Enebro • Semillas de cilantro • Raíz de angélica • Raíz de regaliz • Raíz de lirio • Almendra • Corteza de casia • Canela • Piel de naranja amarga • Piel de limón

SIPSMITH 41,6% vol. alc.

Sam Galsworthy y Fairfax Hall llegaron al mundo de la ginebra en 2009, cuando empezaba a cobrar ritmo su *revival,* pero antes de que hubiera 1.001 nuevas marcas. En otras palabras, en el momento justo. Dado que no tenían experiencia en la destilación, contrataron como asesor a Jared Brown, historiador del cóctel (ahora maestro destilador). Reconvirtieron un garaje en Fulham, en el sudoeste de Londres, y comenzaron con el negocio. El hecho de que hayan construido una destilería mayor muestra lo bien que surfearon esa última ola de ginebra.

Con un historiador al timón, Sipsmith nunca sería una nueva ginebra, sino una que observaría con atención el pasado al tiempo que se regodeaba en la capacidad de experimentar. Se trata de una London dry tradicional, amplia, con una ligera nota en nariz a piñas del bosque, que también se proyecta en lilas y especias para el curry. En boca, las complejas notas verdes se funden con las de la nariz. Es generosa, amable y levemente cremosa.

CAMPO DE SABOR Enebro

4	**Gin-tonic:** Como cabría esperar es enérgica, rica y de larga duración. La quinina queda equilibrada y hay efervescencia suficiente para que resulte interesante.
4.5	**Con Sicilian Lemonade:** Entre ambos refrescos prefiero este, por el modo en que el cítrico añade otra dimensión y un nivel más de complejidad.
5	**Negroni:** N1 Equilibrado y rico, con enebro asertivo, en esta ocasión sutilmente azucarado. La violeta persiste y se despide con un toque añadido de regaliz negro.
5	**Martini:** El vermú añade una nota vinosa, casi melosa, a medio camino, que se resuelve en un pequeño toque de amplitud e impulso aromático.

BOTÁNICOS

Enebro • Semillas de cilantro • Raíz de angélica • Raíz de regaliz • Raíz de lirio • Almendra • Corteza de casia • Canela • Piel de naranja amarga • Piel de limón

SIPSMITH V.J.O.P. 57,7% vol. alc.

La idea de la V.J.O.P. (Very Juniper Over Proof Gin) se le ocurrió a Jared Brown mientras reflexionaba sobre cuánto podía predominar el enebro sin producir algo que huela a trementina. Su ingeniosa solución consistió en añadir el enebro de tres maneras: macerado, justo antes de la destilación y, por último, con algunos otros botánicos en una cestilla. Hacer esto le permitió extraer diferentes notas del mismo ingrediente.

Es como hallarse perdido en una plantación de abetos navideños mientras se escucha el sonido de sierras que se acercan, con lo que uno se pincha aún más con las agujas resinosas. Tiene un agradable toque medicinal, algo de cedro/puro, salvia y lavanda. En boca es seca y la naranja añade impulso, luego se suaviza con un punto de almendra y semillas de cilantro. No es una ginebra para pusilánimes o para aquellos a los que les gustan las cosas perfumadas.

CAMPO DE SABOR Enebro

5*	**Gin-tonic:** Cosa seria. Perdón, SERIA. Aquí el enebro se levanta del sillón en el que descansaba y te golpea en la cara. También hay un elemento cítrico desafiante.
3.5	**Con Sicilian Lemonade:** Permanece ese inmenso carácter, aunque aquí más bien se impone. Demasiado seco.
5*	**Negroni:** N1 Aquí el enebro es en la bebida, permitiendo que emerjan frutos y bayas (pienso en cereza negra), junto con un estallido dulce/amargo. Enorme, oscuro, amenazador y delicioso.
5	**Martini:** De hecho, hay algo ligeramente ridículo en lo sólida que es esta ginebra y la mezcla ha de tener la humedad suficiente para aplacar la pura exuberancia. Sabrosa, las hierbas entran y salen de la mezcla. Enloquecidamente fuerte.

BOTÁNICOS

Enebro • Semillas de cilantro • Raíz de lirio • Cardamomo • Almendra • Canela • Raíz de regaliz • Piel de naranja dulce • Piel de limón • Piel de pomelo • Violeta de Devon

TARQUIN'S 42% vol. alc.

Preparada en minúsculas tandas en un pequeño alambique por Tarquin Leadbetter en St. Ervan, Cornualles (también se le ocurrió la genial idea de hacer pastis), se trata de una nueva ginebra que gana adeptos rápidamente. Seca, cítrica y casi floral en el (cortés) ataque, hay un elemento de raíz de violeta detrás de un toque de limón, un punto mentolado del cardamomo y regaliz dulce. En otras palabras, se ha conseguido el equilibrio. También se distinguen especias tostadas cuando el vaso toca los labios. En boca es suave: pese a no ser una ginebra exactamente energética, su agradable peso medio se abre a notas del bosque y almendra. Una recién llegada con mucha clase.

CAMPO DE SABOR Cítrico/Enebro	
3.5	**Gin-tonic:** Limpia y amplia, con sólidos enebro y quinina trabajando juntos. Tal vez pierda impacto en el centro al ser tan suave la ginebra. Persistencia decente.
3.5	**Con Sicilian Lemonade:** Limpia y dulce/amarga (que es lo que queremos), las cortezas cítricas contribuyen al impulso. Decae ligeramente al final.
5	**Negroni:** N2 Esta proporción permite que aparezcan las notas altas, que la violeta se una con el vermú y el enebro repose entre los frutos rojos. Se integra magníficamente. Es vital y equilibrado.
4.5	**Martini:** Limpia y muy elegante. Una bebida para última hora de la tarde/primera hora de la noche. Todo muy correcto y limpio. Fresco con notas que se secan lentamente y otras altas y animadas. Lo mejor es una proporción 4:1.

BOTÁNICOS

Enebro • Raíz de angélica • Semillas de cilantro • Raíz de regaliz

TANQUERAY LONDON DRY GIN

43,1% vol. alc.

Charles Tanqueray estableció su negocio en el Bloomsbury londinense en 1830, cuando el distrito era famoso por sus aguas más que por sus pretensiones literarias. Es típica de su época por la simplicidad de la mezcla botánica; los tonos más altos de cilantro y enebro aportan las notas altas.

Esta marca, una de los nombres importantes en el mundo de la ginebra, se elabora hoy en Diageo's Cameronbridge Distillery (*véase* p. 87), pero todavía utiliza el alambique Old Tom (*véase* p. 23), que permanece en su antiguo emplazamiento. Es muy seca y directa, con gran cantidad de enebro con aroma de pino y cilantro al comienzo. Aquí cada cosa tiene su lugar, al tiempo que respalda a los otros botánicos. Es un triunfo de la simplicidad. Ligeramente evasiva al principio, necesita tiempo para que se despliegue la nube púrpura del enebro. Pensemos en un abeto destilado y no andaremos muy desencaminados. Austera, es para clasicistas, no para modernos.

CAMPO DE SABOR Enebro	
4	**Gin-tonic:** Una mezcla muy enérgica, así que lo ampliaremos a 1:3 o más. La sequedad hace más evidente la quinina. Resulta equilibrada, pero no es para pusilánimes.
4.5	**Con Sicilian Lemonade:** Esperaba que chocasen, pero se comportan sorprendentemente bien. Añade un sutil y angular elemento cítrico.
5	**Negroni:** N1 Bullicioso, rico y profundo, no se suprimen las poderosas notas a pino de la ginebra, que el vermú vuelve más exóticas. El Campari añade un toque amargo y cítrico. Una cosa seria.
5*	**Martini:** Esta ginebra está hecha para esto. El vermú se convierte en el colaborador principal: añade impulso mientras emerge la oleosidad de la ginebra. Nada de bromas con Tanqueray: así es como uno se emborracha.

TANQUERAY N.º TEN 47,3% vol. alc.

BOTÁNICOS

Enebro • Raíz de angélica • Semillas de cilantro • Raíz de regaliz • Flores de manzanilla • Piel de naranja fresca • Lima fresca • Piel de pomelo fresca

Lanzada en 2000 para ampliar la gama, pretende ser la primera ginebra que utiliza pieles frescas en lugar de secas. Estas se destilan primero en un pequeño alambique conocido como Tiny Ten, antes de añadir el alcohol en el alambique principal junto con los otros botánicos.

Aunque la base es la misma, está a años luz de la Tanqueray estándar (*véase* página anterior) con su toque terroso y cargado de enebro. La impresión es la de un soltero levemente confuso perdido en un serrallo: hay montones de cítricos frescos, más angélica verde, algo de pino, notas casi de cedro/tejo e incienso de sándalo. En boca es llena, con florales intensos e inferencia de sirope de frutas, pero el pino sigue ahí. Todo está bien controlado. Sigue siendo una ginebra de primera.

CAMPO DE SABOR Cítrico

2	**Gin-tonic:** La fruta y la tónica chocan. Las burbujas parecen fragmentarlo todo en lugar de aportar coherencia. Resulta casi espumosa.
3.5	**Con Sicilian Lemonade:** Mejor y más receptiva, ya que las frutas se funden. Es ligero, fresco y, por supuesto, frutal.
5	**Negroni:** N2 Aromático. La reducción de los otros dos ingredientes produce un nuevo aroma a rosa junto con fruta cítrica y pino. Un Negroni limpio y fresco para la tarde con un final herbal.
5*	**Martini:** Está hecha para esto. Si nos gusta la fragancia, optemos por la proporción 4:1, que lo hace placentero. Personalmente, yo me quedaría con 5:1, donde el enebro alcanza un mejor equilibrio.

BOTÁNICOS

Enebro • Raíz de angélica • Semillas de cilantro • Raíz de regaliz • Jengibre • Laurel • Lima Rangpur

TANQUERAY RANGPUR 41,3% vol. alc.

Producida en 2009, presenta la receta estándar (*véase* p. 110) más limas de Rangpur. Y resulta... bueno, limosa. Muy limosa. Tanto como si Mr. Harry Lime (el personaje de Graham Green interpretado en el cine por Orson Welles en *El tercer hombre*) se deslizara por un limero con un traje hecho de limas. En nariz, los elementos cítricos prácticamente sitúan todo el conjunto en los dominios del aceite para baño, aunque surge un toque a nueces. Las pieles no sólo añaden aroma, sino un ligero amargor y da la impresión de que se ha añadido un poco de azúcar para contrarrestar esto. Si nos gusta la lima, nos gustará esta ginebra. Si no....

CAMPO DE SABOR Cítrico	
2	**Gin-tonic:** Nada puede doblegar el gusto y aroma a lima, que la quinina vuelve duro y amargo.
3	**Con Sicilian Lemonade:** Ligeramente mejor, pero incluso con altos niveles de dilución resulta amargo.
3	**Negroni:** N2 El vermú en particular suaviza la agresiva lima, ofreciendo un aliado a la dulzura de la ginebra. La naturaleza del Campari ofrece... interesantes notas altas. Hay que proceder con cuidado, pero ahí está el germen de una idea.
3	**Martini:** Lo tomaría sin vermú. De ese modo, resulta bien. Si nos gusta el Gimlet, es nuestra ginebra.

BOTÁNICOS

No figuran, pero incluyen: Enebro • Raíz de lirio • Raíz de angélica • Pieles de cítricos

TWO BIRDS 40% vol. alc.

Producida en lotes de 100 botellas por Mark Gamble en un alambique de cobre de 25 litros en Market Harborough, en el condado inglés de Leicestershire, es una marca relativamente nueva en el mercado, que empezó a operar en 2012. Aunque su apariencia es contemporánea, al olerla se descubre que es definitivamente -incluso desafiantemente- de la vieja escuela en lo que se refiere a su expresividad. Empieza con un tono alto de estilo brillante, intenso, con acento en el limón, pero también hay balsamina y enebro en su elemento rico en terpeno: todos explosivamente frescos y limpios. Por un segundo, uno se pregunta si no será mero alarde, pero evoluciona en boca, donde resulta más suave de lo que sugiere en nariz. Se añade un destacable núcleo de enebro y penetrante pino, antes de que aparezca un ligero toque a violeta y cítricos. Gamble también está innovando con varias barricas diferentes para nuevas variantes. Es una marca a seguir.

CAMPO DE SABOR Enebro

4.5	**Gin-tonic:** Una gran mezcla, con contraste de muchos elementos: seco, dulce, especiado, cítrico y amargo. Giran unos alrededor de los otros como en un baile. Intensamente aromático.
2.5	**Con Sicilian Lemonade:** La intensidad es casi excesiva. Se produce un choque incluso si se aligera.
5	**Negroni:** N1 Limpio y serio, con una buena fusión de todos los componentes. El enebro está aquí mejor controlado y hay un nuevo elemento oscuro rondando. Un Negroni para una persona reflexiva y un debut impresionante.
4	**Martini:** Tal como esperaba. Ni siquiera el frío consigue suprimir su energía. Al inicio, el enebro entra en acción antes de que el vermú intente frenarlo un poco. El final se vuelve ligeramente perfumado. Bueno.

BOTÁNICOS

Incluye: Enebro • Raíz de angélica • Semillas de cilantro • Lavanda • Cardamomo • Pimienta negra • Canela • Flor de saúco • Piel de naranja

WARNER EDWARDS HARRINGTON DRY 44% vol. alc.

Es destilada en Harrington, en el condado inglés de Northamptonshire, por Tom Warner y Sion Edwards. Se conocieron mientras estudiaban Agricultura y tras graduarse decidieron trabajar juntos. Empezaron con la producción de aceites esenciales pero, inevitablemente, acabaron haciendo ginebra. Edwards cosecha en Gales, Warner en Harrington y algunos de los botánicos utilizados proceden de sus respectivas propiedades. Uno de los principales es la flor de saúco. Muy al principio aparece una nota amplia a tisana, seguida de frutos suaves y un arranque de pino, lavanda y especias calientes. Muestra verdadera complejidad. En boca es tranquila, de carácter untuoso con el efecto sedante de las flores. Una ginebra para una perezosa tarde de verano, con agudos toques cítricos para mantenernos despiertos. Posee textura y realmente está bien hecha.

CAMPO DE SABOR Enebro/Floral

3.5	**Gin-tonic:** En una proporción 2:1 se mantiene una gran influencia de la ginebra. Vayamos más allá, donde la efervescencia funcione con mayor efectividad y permita desentrañar los elementos secos.
5	**Con Sicilian Lemonade:** Esto funciona mucho mejor; el limón y las flores hacen buena pareja. Brillante en boca. También da un Collins excelente (*véase* p. 188).
4	**Negroni:** N2 El Campari retiene la flor de saúco y el vermú aparece sigiloso. En boca presenta diferentes capas; después, piel de naranja amarga. Bueno.
5	**Martini:** Un poco untuoso en una proporción 4:1; más seco, realza la ginebra. El vermú se alía de manera natural con las notas altas. En una relación 5:1 tendremos un Martini más fresco y duro sin perder complejidad. Muy bueno.

BOTÁNICOS

Enebro • Semillas de cilantro • Fruto del baobab • Physalis (grosella espinosa del Cabo) • Piel de limón • Piel de naranja dulce • Raíz de angélica • Raíz de lirio • Corteza de casia

WHITLEY NEILL 42% vol. alc.

Dado que Johnny Neill es miembro de la octava generación de la familia de destiladores Greenall Whitley (*véanse también* pp. 65, 67, 89, 94 y 102), era inevitable que creara su propia ginebra. La cuestión era qué la caracterizaría. La solución vino de la mano de su esposa, nacida en África. En lugar de limitarse a cítricos estándar, ¿por qué no usar los frutos del árbol baobab y la grosella espinosa del Cabo junto con una base clásica de London dry? Bajo estas especificaciones, la ginebra es destilada por Langley (*véase* p. 75).

En nariz es dulce/amarga vibrante, con notas frutales, cilantro suave y pino detrás. A continuación, piel de pomelo, limón y un toque floral. Bien equilibrada, con peso y ligeramente exótica. En boca es enérgica y seca, con semillas de cilantro precedidas de jengibre, una oleada de frutos cítricos y notas de conos de enebro. Termina con un toque terroso dulce.

CAMPO DE SABOR Cítrico/Enebro	
4	**Gin-tonic:** Cobra vida. Impulsa las notas altas cítricas, el enebro juega en el medio campo y el final se prolonga. Especiado, con un toque a cáscaras de cítricos.
3.5	**Con Sicilian Lemonade:** La mezcla es demasiado fuerte para apreciar un perfil claro de la ginebra, pero resulta refrescante. De nuevo, ayuda algo de dulzura.
3.5	**Negroni:** N2 Hay un elemento que recuerda al cacao, que sustenta la línea base del combinado, permite las notas altas y añade un pellizco cítrico. Después se desarrolla un toque afrutado, sutilmente tropical. Un sólido Negroni.
4	**Martini:** Si nos gusta el toque pomelo/especias –y cilantro– es el Martini ideal. Seco, pero claramente un combinado con ginebra, lo que sólo puede ser una buena cosa.

BOTÁNICOS

Enebro • Semillas de cilantro • Semillas y raíz de angélica • Raíz de regaliz • Raíz de lirio • Piel de naranja • Piel de limón • Lúpulo • Flor de saúco • Manzana bramley

WILLIAM CHASE ELEGANT CRISP GIN 48% vol. alc.

La destilería Chase de Herefordshire comenzó haciendo vodka de patata (William Chase cultivaba patatas y era un líder en el negocio de las patatas fritas) antes de pasarse a la ginebra. Sustituyó la patata por alcohol de manzana, que es lo primero que se percibe. junto con un intenso toque a lúpulo. Fragante con notas florales altas, su estilo es muy nueva ginebra, con enebro bajo y cilantro en su disfraz cítrico. El efecto es que la ginebra no parece demasiado seca, pero eso cambia. En boca es abierta y cítrica pero, como el nombre sugiere, se vuelve seca. Ahora hay más cilantro junto a angélica que recuerda a apio. La manzana surge de nuevo al final, casi como vinagre de sidra.

CAMPO DE SABOR Fragante

3.5	**Gin-tonic:** El mismo desfile inicial con algunas notas florales por detrás. Limpio y bastante seco, un poco austero al final, aunque si se aligera mejora.
3	**Con Sicilian Lemonade:** En nariz, parecen pelearse dos fuertos, pero en boca alcanzan una tregua, aunque es corta, ya que la sequedad de la ginebra le pone fin.
2.5	**Negroni:** N2 El elemento lúpulo/manzana agria domina. Hacia la mitad se vuelve muy frutal, pero después se fragmenta.
3	**Martini:** Si se mantiene ligero es posible equilibrar el toque a vinagre de la ginebra con el lado más dulce del vermú, que contribuye a darle cuerpo.

CONTINENTE EUROPEO Y RESTO DEL MUNDO

La ginebra nació en Europa continental, pero su historia se ha visto dominada poco a poco por marcas inglesas. Ahora la situación está cambiando. Aparte de un renovado interés por la ginebra holandesa (que aparece más tarde, no teman), destiladores de todo el mundo están reviviendo viejos estilos o crean nuevas ginebras que reflejan su lugar de origen.

No es de extrañar que España, cuna del nuevo Gin-tonic, tenga una sólida representación y que sus ginebras posean estilos distintivos. El enfoque holandés y belga de la *dry gin* está tan influido por su experiencia de siglos con la *genever* como por las ginebras inglesas. La Europa germanoparlante también está ganando peso con sus propias ginebras: la base, una vez más, es el principio de un alcohol influido por los botánicos nativos. Esto se aprecia claramente en las nuevas ginebras francesas, en las cuales los botánicos y el alcohol base sirven para elaborar algunas que no sólo son una expresión de su localidad sino que mejoran su categoría.

Hay ginebras de los nuevos pequeños destiladores escandinavos, cuya cultura gastronómica, en la que tanto destaca el enebro, ha actuado como acicate creativo. La alianza de lo local y lo global, que siempre ha sido uno de los pilares de esta bebida, también se manifesta en las ginebras australianas, sudafricanas y canadienses.

La ginebra siempre destiló mundo. Ahora el mundo entero destila ginebra.

BOTÁNICOS

Enebro • Almendra • Raíz de lirio • Semillas de hinojo • Semillas de anís • Granos del paraíso (pimienta de Guinea) • Piel de naranja • Cardamomo • Raíz de violeta • Piel de limón • Semillas de cilantro • Bayas de cubeba (pimienta de Java) • Corteza de casia • Raíz de regaliz • Ajedrea • Nuez moscada • Raíz de angélica • Comino • Canela

CITADELLE 44% vol. alc. Francia

Puede que Francia no sea el primer país que se nos viene a la cabeza cuando se habla de ginebra, pero lleva produciéndose allí desde hace siglos. La ginebra francesa fabricada en Dunquerque se pasaba de contrabando a Inglaterra a finales del siglo XVIII (*véase* p. 20). Tuvo su punto álgido, pero en el siglo XX la tradición había desaparecido. Se incorporó Alexandre Gabriel, el productor del coñac Ferrand que, en 1989, decidió revivir la producción de la ginebra seca «estilo Dunquerque». El resultado fue Citadelle. Limpia, fragante y casi etérea al inicio, pronto aumenta la complejdiad con pino, casia, cardamomo y pieles, todo mantenido bajo control por los elementos florales. En boca se muestra anís, piel de naranja y algo más del elemento herbal; con empuje, compleja y atractiva.

CAMPO DE SABOR Floral/Fragante	
5*	**Gin-tonic:** Los gin-tonics pueden ser un poco amargos, pero aquí la tónica realza las notas altas. En boca presenta algo de menta, hinojo, alcanfor y enebro. Sutil y aromático.
2.5	**Con Sicilian Lemonade:** En este caso, sin embargo, la ginebra y el limón acaban entablando una disputa improcedente.
5	**Negroni:** N2 De las pocas que funcionan con cualquier proporción y marca de vermú, lo que muestra su equilibrio. Pieles cítricas ligeras, notas florales y elegante calidez especiada: un contraste perfecto para los otros dos ingredientes. Aristocrático.
5*	**Martini:** Ligeramente vinoso si se toma mojado, lleva un tiempo discernir el agradable y relajado toque de los botánicos en la lengua. Para saborear despacio a sorbitos.

BOTÁNICOS

Enebro • Raíz de lirio • Semillas de cilantro • Raíz de angélica • Piel de naranja amarga • Piel de limón • Vaina de vainilla • Raíz de regaliz • Cardamomo

DUTCH COURAGE DRY GIN

44,5% vol. alc. Holanda

Fred van Zuidam construyó su destilería en el sur de Holanda, en la localidad de Baarle-Nassau, en 1974. Ahora está a cargo su hijo Patrick, que en gran medida sigue la clásica máxima del modelo de destilación holandesa: «Se puede hacer todo». Produce una serie de espirituosos: genever, whisky, whisky de centeno, licores y *dry gin* (*véanse* pp. 150, 159, 174-176 y 179). Esta ginebra de «estilo inglés» es ultralimpia en nariz con un impacto cítrico inmediato respaldado por enebro con acento a pino. Con el tiempo aparece una pizca de cilanto, que añade una nota picante. El principio en boca es refrescantemente cítrico -como kumquat-, pero tan pronto como empieza a desplazarse se puede aperciar lo rico, casi frutal que es el alcohol. La interacción entre sedosidad, aroma y sequedad continúa en la lengua. El cardamomo empieza a surgir al final, con un último estallido de enebro. Compleja.

CAMPO DE SABOR Cítrico/Enebro	
4	**Gin-tonic:** Aunque inicilamente la tónica parece tomar la delantera, la ginebra se aprecia bien en boca. Muy seco y refrescante.
4	**Con Sicilian Lemonade:** La sequedad de la ginebra funciona bien en este contexto: le da al refresco algo con lo que entretenerse mientras el limón añade notas altas. Tal vez el final sea un poco corto.
4.5	**Negroni:** N2 Las pieles, que añaden confitura y cereza, aportan el impulso en este caso y la proporción permite que se expresen plenamente. Suave a la mitad y largo.
5	**Martini:** Seco, aunque en la proporción 4:1 retiene un buen nivel de dulzura. Para apreciar toda la complejidad, prepararlo más seco: el cítrico se evapora y revela una profundidad oculta. Es cosa seria.

BOTÁNICOS

Enebro • Otros 28 más

FILLIERS DRY GIN 28

43,7% vol. alc. Bélgica

Fabricada por el especialista belga en *jenever* (*véanse* pp. 170 y 177), fue creada en 1928 utilizando 29 botánicos y fue la primera *dry gin* de la firma. A menudo, el número de ingredientes se utiliza como un argumento de venta en el caso de la ginebra, pero puede no ser otra cosa que un truco de mercadotecnia. Aquí, no obstante, uno tiene la sensación de que entra en acción una genuina complejidad botánica. El enebro ofrece un acertado arranque a brezo; luego es como entrar en un mercado de especias con una embrujadora nota alta, que desplaza las cosas al reino de lo floral/frutal. El agua la vuelve ligeramente más seca, con más raíz de lirio. En boca es explosivamente compleja. Resulta especiada, pero las pieles cítricas actúan como contrapeso antes de que retorne el enebro. Justo cuando piensas que al final será seca, emerge una nota dulce, que desata otra ronda de minierupciones. Es ginebra en 3-D.

CAMPO DE SABOR Enebro/Especiado

5*	**Gin-tonic:** A veces las burbujas juegan un papel importante. Aquí ayudan a que los botánicos se eleven y estallen en la nariz. Los elementos aromáticos y la quinina se unen armoniosamente. Un rico Gin-tonic para después de un largo día.
3	**Con Sicilian Lemonade:** En nariz se vuelve más picante, pero funciona bien en contraste con el refresco. Recuerda un poco a un Gin Fizz, pero la ginebra está ligeramente sobrepasada.
4	**Negroni:** N2 Es necesario captar la complejidad de la ginebra e incluso en esta proporción cuesta un poco. Sólido y de confianza.
5*	**Martini:** En una proporción 4:1 surge una tranquila elegancia y la complejidad de la ginebra se libera relajadamente. Más seco, las cosas resultan un poco más ajustadas y más directas, pero sin perder la complejidad. Irresistible.

FLEMISH GIN 20-3

46% vol. alc. Bélgica

BOTÁNICOS

Enebro • Semillas de cilantro • Bayas de cubeba (pimienta de Java) • Jengibre • Clavo • Cardamomo • Granos del paraíso (pimienta de Guinea) • Nuez moscada • Canela • Piel de limón • Piel de naranja • Raíz de regaliz • Anís estrellado • Corteza de casia • Romero • Raíz de lirio • Milenrama • Flor de lavanda • Cardo santo • Lúpulo • Raíz de genciana • Raíz de angélica • Algarroba

Fue Geoffrey Kely, que la había descubierto durante unas vacaciones, quien atrajo mi atención hacia esta ginebra. Al parecer, la destilería De Moor en Aalst viene produciendo desde 1910 y emplea 23 botánicos para esta ginebra seca. El proceso de destilación es inusual: cinco cortes por separado durante el proceso, que luego se combinan. El enebro lleva la voz cantante –como cabría esperar en Flandes–, pero el amplio surtido de ingredientes se combina para dar complejidad. El alcohol es rico y bastante profundo, lo que sitúa esta ginebra casi a medio camino entre *jenever* y *dry gin.* Las raíces tienen un aire aterciopelado; con el tiempo surgen el toque afrutado y aroma a especias calientes, un poco de genciana, pino, anís, pieles dulces y lavanda. En boca es suave al comienzo y luego se vuelve más especiada; el cardamomo interpreta el papel principal. Es un verdadero descubrimiento. ¡Gracias, Geoffrey!

CAMPO DE SABOR Enebro

4	**Gin-tonic:** Tiene ese punto esencial de enebro en el centro, donde empieza a construir el equilibrio con la quinina. Cosa seria.
2.5	**Con Sicilian Lemonade:** A pesar de que el limón intenta lograr impulso, hay demasiado peso para que lo consiga.
4.5	**Negroni:** El enebro cubre todo con una espesa capa imperial púrpura. Una bebida sólida y atrevida, para consumir con un destello de arrogancia en los ojos. Bien equilibrado.
4	**Martini:** Sorprendentemente, la ginebra se vuelve dulce y el alcohol se adensa. En este caso concreto, el hielo añade complejidad.

G'VINE FLORAISON 40% vol. alc.

Francia

BOTÁNICOS

Enebro • Jengibre • Raíz de regaliz • Corteza de casia • Cardamomo • Semillas de cilantro • Bayas de cubeba (pimienta de Java) • Nuez moscada • Piel de lima • Flor de vid

Creada por Jean-Sèbastien Robicquet (de vodka Cîroc), esta ginebra habla en profundidad de la región de la cual procede, Cognac. Y todo aquí dice viñedos: es de lo que está hecho el alcohol base y las flores de la vid son uno de los botánicos principales. Estas se introducen en bolsas de muselina y se maceran (en alcohol de uva) antes de la destilación. Los demás botánicos se agrupan según su carácter, se maceran y posteriormente se destilan. A continuación, se mezclan todos los componentes. La ginebra es limpia y brillante, con una nota alta más delicada y frutal que floral. Luego viene el sutil enebro, lima y jengibre. Es muy expresiva y fresca. En boca resulta bastante seca, con un impulso retronasal de cítricos y flores, mientras raíces y enebro se adhieren a la lengua. Al final, todo se cohesiona con un poco de casia. El agua prolonga las cosas y los elementos aromáticos resultan ligeramente más volubles.

CAMPO DE SABOR Floral	
5	**Gin-tonic:** Fresco floral con un auténtico empuje procedente de la flor de vid, que vuelve a la vida. Buena acidez, además, lo que ayuda a conservar la frescura. Lleno en boca.
3.5	**Con Sicilian Lemonade:** Fragante y limpio, la lima y el limón trabajan en tándem. Todo al alza, dulce en boca, pero falta algo de definición en la ginebra.
5	**Negroni:** N2 (preparado con La Quintinye Rouge). Notas amplias de cereza, rico, con una exquisita nota alta. Agradable y decadente.
4.5	**Martini:** (preparado con La Quintinye Extra Dry). Dicen que no está hecha para el Martini, pero si nos gusta ligero y fresco optemos por una proporción 5:1, y a saborearlo al aire libre.

BOTÁNICOS

Enebro • Jengibre • Raíz de regaliz • Corteza de casia • Cardamomo • Semillas de cilantro • Bayas de cubeba • Nuez moscada • Piel de lima • Flor de vid

G'VINE NOUAISON 43,9% vol. alc.

Francia

La segunda de las ginebras de la región de Cognac con base de vino y flores de vid *(véase página anterior),* emplea las pequeñas bayas que aparecen tras la floración. Orientada hacia los cócteles, tiene más graduación alcohólica. Más seca en nariz, con un poco más de enebro, cilantro ligero y canela, aunque conserva la nota a lima fresca y el especiado dulce. En boca continúa con casia, más presente en primer plano, regaliz y cardamomo; mantiene el impacto retronasal de delicados elementos florales. Más fresca que G'Vine Floraison, la despedida final es igual de agradable, con toques de especias más secas en el paladar.

CAMPO DE SABOR Enebro/Especiado	
3.5	**Gin-tonic:** Seco, con raíces, una cosa seria, que sugiere una bebida más fuerte para momentos de desesperación. En realidad, la tónica añade un elemento de dulzura en el medio.
3	**Con Sicilian Lemonade:** Aquí, la profundidad ayuda a contrastar el amargor del limón. Fresca y limpia como sugiere en nariz, pero domina el refresco.
5*	**Negroni:** N2 (preparado con La Quintinye Rouge). Amplio, bastante seco y con raíces, cantidad de enebro, raíz de lirio y cardamomo, que ponen firmes al cacao y la cereza negra del vermú. Excelente y con potencia.
5	**Martini:** (preparado con La Quintinye Extra Dry). Muy bien en una proporción 4:1, que añade jugosidad en el centro. Pero resulta más impactante con 5:1, donde la ginebra surge más claramente y muestra sus cualidades florales-herbales.

HERNÖ GIN 40,5% vol. alc. Suecia

Una de la nueva ola de ginebras nórdicas artesanas de la comunidad de destiladores en rápida expansión. Procede de la destilería Hernö, fundada en 2011 por Jon Hillgren. Podría parecer una London dry clásica, pero el efecto es muy diferente. Hay una introducción inmediata a musgo y hierbas con una nota muy intensa de limón (casi tomillo limonero/verbena) previa al estallido de pino, brotes de enebro y bayas. En boca resulta seca y fresca al mismo tiempo. El peso está equilibrado. Hay una pizca de cilantro y acidez, luego se difunde una calidez melosa antes de que retorne el enebro. Uno se puede imaginar bebiendo esta ginebra con hielo para acompañar carne de reno.

BOTÁNICOS

Enebro • Semillas de cilantro • Piel de limón • Pimienta negra • Corteza de casia • Vaina de vainilla • Arándano rojo • Ulmaria

CAMPO DE SABOR Enebro

X **Gin-tonic:** Brevemente, esta ginebra es demasiado para un Gin-tonic.

3 **Con Sicilian Lemonade:** Aquí funciona mejor y hay un exotismo ácido, dulce/amargo. Mejor bastante diluida.

X **Negroni:** N2 Nada hace migas con esta intensidad.

4.5 **Martini:** Sin vermú, podemos ver cómo esta ginebra encaja hábilmente. Recomiendo tener algo de comida a mano. Excelente.

BOTÁNICOS

No figuran, pero escogidos entre una selección de 9 clásicos y 13 de la flora del fynbos de El Cabo

INVERROCHE CLASSIC

43% vol. alc. Sudáfrica

La destilería Inverroche, situada al oeste de El Cabo cerca de Stilbaai (Still Bay), emplea un alambique alimentado por leña con la parte superior que parece una seta. Se destila al vapor y los botánicos se colocan en una cesta en el cuello del alambique. Un rasgo distintivo es el uso de una mezcla de botánicos clásicos y del fynbos, la formación vegetal que crece en las inmediaciones.

Aromática en nariz, con algunas agudas notas cítricas al comienzo, después se vuelve bastante herbal y perfumada. Dado que los botánicos proceden del fynbos sudafricano, los aromas resultan a menudo poco familiares y muy excitantes. Exóticos, enraizados, intensos y salvajes, una vez que se despliegan ofrecen un poco de enebro y una pizca de acetona. En boca, controlada al principio; de inmediato se imponen acentos herbales con flores. A continuación, se suaviza el centro, pero se torna picante al final.

CAMPO DE SABOR Floral/Herbal

4	**Gin-tonic:** El aroma se simplifica ligeramente tras una experiencia tan exótica con la ginebra sola. Limpio y seco, no deja de resultar curioso.
4.5	**Con Sicilian Lemonade:** Muy intenso y presente en primer plano, es una mezcla mejor, ya que los aspectos herbales se dejan sentir bien mientras el cítrico equilibra.
3.5	**Negroni:** N4 El aroma fynbos domina bastante, como era de esperar. La naranja del Campari actúa como puente aromático, al tiempo que añade cierta chispa en boca.
4	**Martini:** Muy exótico y mejor en proporción 5:1; con hielo se desatan demasiados aromas. Limpio, fresco y fascinante.

BOTÁNICOS

No figuran, pero incluyen: Enebro • Semillas de cilantro • Piel de naranja

LARIOS 37,5% vol. alc. España

Es la ginebra más vendida en España y dado el volumen de alcohol que el país consume, eso representa un montón de botellas. El aroma es ligero, limpio y cítrico, con mucho cilantro y lo que parece ser piel de pomelo detrás. Con el tiempo, aparece algo de especia picante, violeta y salvia, que se adormecen a medida que surge la piel de naranja. En boca es limpia y ligera, baja probablemente debido a la graduación, aunque es un destilado con ligeras notas terrosas. Sin embargo, parece adormecerse de manera imprevista al final y las raíces quedan ligeramente expuestas.

CAMPO DE SABOR Cítrico

2.5	**Gin-tonic:** Fresco y con mucho limón al inicio, pero incluso en una proporción 2:1 la tónica lleva la voz cantante. El problema es la falta de peso.
3.5	**Con Sicilian Lemonade:** La ginebra con Fanta limón fue una de las razones por las que elegí la Sicilian Lemonade, así que funciona. Limpia, fresca e identificable, el limón anima. Una buena combinación, aunque no pasa a ser la ideal para Larios.
3.5	**Negroni:** N2 ¿Varado en un bar español con una necesidad desesperada de un Negroni? Uno busca y ve que sólo tienen Larios. ¿Pedimos otra cosa? No hace falta, porque esto funciona. No es perfecto, pero tampoco el peor.
3.5	**Martini:** Hay que alargarlo, ya que el vermú domina en una relación 4:1. Limpio y agradable, aunque preparar un Martini con una ginebra de 37,5 % vol. es un desafío.

BOTÁNICOS

Enebro • Nuez moscada • Raíz de angélica • Semillas de cilantro • Piel de limón • Piel de naranja • Piel de mandarina • Piel de tangerina • Piel de clementina • Piel de pomelo • Piel de lima • Flor de naranjo

LARIOS 12 40% vol. alc. España

Esta variedad premium de Larios *(página anterior)* se hizo para aprovechar el destacado resurgir del interés en ginebras de gama alta en España. Utiliza una docena de botánicos y la flor de azahar se añade al alambique antes del cuarto, y último, paso. Parte del carácter de la Larios estándar y le añade 11 más. También ayuda la graduación más alta para retener las notas altas más volátiles. En nariz apunta que se ha empleado un huerto de cítricos y azahar. Es agradablemente dulce/amarga y fresca; hay cortezas cítricas con sutil pino por detrás. Con el tiempo, se desvela la delicadeza de las flores. Elegante en boca, aunque un poco ligera. Es como morder cítricos frescos.

CAMPO DE SABOR Cítrico

3	**Gin-tonic:** Inicialmente, extrae un montón de lima y pomelo. Todo muy fresco y atractivo, con buena profundidad. El único problema es la falta de persistencia.
3.5	**Con Sicilian Lemonade:** Aquí todo alcanza niveles deslumbrantes. La ligera falta de duración es lo que lo echa para atrás.
3.5	**Negroni:** N2 El vermú rebaja algo el cítrico, enérgico y lleno de vitalidad, lo que no está mal. Un poco herbal y ligero en boca, pero fresco y limpio.
3.5	**Martini:** Fresco y potente, no hace falta darle más vueltas. Algo ligero, pero aquí la flor de azahar estalla y actúa como una interesante contrapartida del vermú.

BOTÁNICOS

Aceituna arbequina • Romero • Albahaca • Tomillo • Enebro • Semillas de cilandro • Cardamomo • Pieles de cítricos

GIN MARE 42,7% vol. alc. España

Una de las más originales entre las nuevas ginebras. Se fabrica en la localidad catalana de Vilanova i la Geltrú, en una capilla incorporada a las instalaciones de una destilería. Es propiedad de la familia Giró, que está detrás de la marca MG. Mare representa un significativo avance respecto a la ortodoxia de MG. Marc y Manuel Giró buscaban una destilación aromática de su entorno particular, una auténtica ginebra mediterránea. Los botánicos se destilan por separado o en combinación para obtener seis destilados, que después se juntan. En lugar de enebro, en nariz ofrece aceituna, albahaca, tomillo y un toque de confitura. En su momento, se aprecia anís y una pizca de pimienta, luego romero. Las bayas púrpura del enebro sólo desvelan su presencia con agua. En boca parece ligeramente dulce, pero empieza a resultar seca hacia la mitad, que es donde surgen las hierbas frescas. Es equilibrada, realmente muy bien destilada, pero... ¿se trata de ginebra? En el mundo actual, la respuesta es sí, es ginebra.

CAMPO DE SABOR Floral/Herbal

4	**Gin-tonic:** Limpia, retiene bien el carácter. La tónica funciona bien con las hierbas.
4.5	**Con Sicilian Lemonade:** Fragante, con el más indulgente refresco funciona un poco mejor. Ligero, pero sin pérdida de carácter.
3.5	**Negroni:** N4 Las aceitunas son el principal problema aquí. Genial con otras bebidas, pero no con el vermú. Recuerda un poco a *pesto* rojo.
4.5	**Martini:** ¿Quién necesita una aceituna en el Martini si tiene Mare? Duradero, ligeramente oleoso y aromáticamente intenso.

BOTÁNICOS

Hay quien dice que solamente se emplea enebro

MASCARÓ GIN 9 40% vol. alc. España

Producido por la familia Mascaró en Vilafranca del Penedès al estilo London dry, lo que supone un desplazamiento del eje de hierbas y cítricos español. En nariz está bien equilibrada y es ligeramente cerosa, con algunas penetrantes notas a limón y enebro en primer plano. Hay savia y agujas de pino, un pequeño toque de pastillas dulces para la tos y, en su momento, algo calcáreo. Muy pura y limpia en boca, a la mitad rica y ligeramente resinosa. Posee un buen equilibrio.

CAMPO DE SABOR Enebro	
3	**Gin-tonic:** Bastante suave y levemente terroso, ligero y con algo de impulso a la mitad. Agradable.
4	**Con Sicilian Lemonade:** Mejor y limpio, lo que permite que afloren más cosas de la ginebra, en especial sus aspectos más dulces. De nuevo, alcanza un atractivo equilibrio.
4	**Negroni:** N2 La cantidad de enebro sugiere una proporción clásica 1:1:1, pero hay algo delicado en esta ginebra, así que rebajé el vermú y el Campari. La ginebra añade un elemento ligeramente seco a la mezcla. Muy segura de sí misma; cuidado.
4	**Martini:** Buena tanto en 4:1 como en 5:1; esta última proporción muestra la profundidad del alcohol. El vermú está aquí sólo para echar una mano. Tiene cierta clase.

BOTÁNICOS

Enebro • Raíz de angélica • Semillas de cilantro • Raíz de lirio • Raíz de regaliz • Nuez moscada • Bayas de cubeba (pimienta de Java) • Clavo • Cardamomo • Corteza de casia • Canela • Granos del paraíso (pimienta de Guinea) • Almendra • Jengibre• Salvia • Lavanda • Flores de acacia • Hibisco • Melisa • Madreselva • Jazmín • Manzanilla • Hojas de zarzamora • Arándano rojo • Brotes de picea • Pimienta (seis tipos) • Acacia • Raíz de cálamo • Verbena • Toronjil • Citronela (Hierba limón) •Pamplemusa • Piel de naranja amarga • Hojas de lima kafir • Moras • Arándanos negros • Rosa canina • Flor de saúco • Bayas de espino (majuelos) • Escaramujos • Endrinas • Más, en esta botella, trébol púrpura

MONKEY 47 SCHWARZWALD DRY GIN 47% vol. alc. Alemania

El teniente coronel del aire *Monty* Collins llegó en 1951 a la Selva Negra y abrió la casa de huéspedes Zum Wildem Affen (El mono salvaje). Empezó a destilar ginebra con botánicos locales como enebro, arándanos rojos y brotes de piceas. Tras su muerte, la leyenda de su ginebra siguió viva, pero se creyó que no había dejado escrita su receta. Con el cambio de siglo se halló una vieja botella de «Max the Monkey», junto con una carta en la que se describían los ingredientes vegetales usados. Alexander Stein colaboró con el destilador de frutas Christoph Keller para resucitarla. Es una ginebra compleja con 47 botánicos, muy aromática y con un arranque mentolado/alcanforado. A continuación vienen los frutos seguidos de notas altas perfumadas y pieles cítricas. En boca alterna entre dulce, especiada, ácida y salada. Un ligero punto picante queda equilibrado por las intensas notas herbales y cítricas. El final de boca desvela bayas oscuras. Una bebida para saborear despacio con hielo.

CAMPO DE SABOR Floral/Herbal

X	**Gin-tonic:** No funciona.
X	**Con Sicilian Lemonade:** No funciona.
X	**Negroni:** No funciona.
5*	**Martini:** Mejor seco o ultra seco, con sólo una gota de vermú. ¿Por qué añadir más sabores?

BOTÁNICOS

Incluyen: Enebro • Pieles de cítricos • Raíz de lirio • Raíz de regaliz • Melocotón blanco • Rosa de Alejandría • Frambuesa

NOLET'S SILVER DRY GIN

47,6% vol. alc. Alemania

La familia Nolet ha estado destilando en Schiedam, la capital de la ginebra holandesa, desde 1691. Irónicamente, la mayoría los conoce por su vodka Ketel One, pero su ginebra está profundamente arraigada. No obstante, la nueva ginebra familiar está a considerable distancia del tipo de espirituoso que Joahannes Nolet habría elaborado hace diez generaciones. Silver es, incondicionalmente, una nueva ginebra. El uso de esencias de frutos y flores -fabricadas para Nolet por una casa francesa de perfumería- la convierte en una bomba floral, con frambuesa, chicle, algodón de azúcar, caramelos Starburst (blandos de frutas) y enebro no apreciable. Me recordó un poco a un perfume femenino para adolescentes y mi propia hija me lo confirmó: Snow Fairy de Lush, para ser exactos. Hay apenas una pizca de *parfait amour.* En boca es dulce y densa, con esos perfumes sobrevolando y un toque de alcanfor al final. Tal vez yo no sea el cliente idóneo.

CAMPO DE SABOR Floral/Fragante

2.5	**Gin-tonic:** La tónica no realza particularmente la mezcla, que resulta dulce y recuerda al algodón de azúcar. ¿Una bebida para parques de atracciones?
3.5	**Con Sicilian Lemonade:** Es una locura. Al menos, el refresco ofrece a la ginebra algo a lo que enfrentarse -o a lo que agarrarse- y, aunque dulce, tiene un pase.
3.5	**Negroni:** N4 Aquí, la «fogosidad» de la ginebra es refrenada (a la fuerza) y se convierte en una agradable bebida, si nos gustan las delicias turcas.
3	**Martini:** Funciona inicialmente; si nos gusta una combinación dulce y confitada, es nuestra ginebra.

BOTÁNICOS

Enebro • Semillas de cilantro • Raíz de angélica • Canela • Jengibre • Piel de limón • Piel de naranja amarga • Laraha (naranja amarga de Curaçao) • Manzanilla • Lavanda • Flor de saúco

TELSER LIECHTENSTEIN DRY GIN 47% vol. alc. Liechtenstein

La familia Telser ha estado produciendo licores de fruta en Liechtenstein desde 1880 y dirige la única destilería comercial del minúsculo principado. Aunque asegura ser una ginebra de tipo London dry y los botánicos no son tan raros, en este caso el destilador Marcel Telser esconde algunos ases alpinos en la manga, pero no quiere decir cuáles. Es muy limpia y fresca, con una apertura herbácea respaldada por enebro ligero. A medida que se caldea se vuelve más floral, con notas vegetales, algo de hierba y polen. En otras palabras, es alpina. En boca demuestra lo perfumada que es, con un montón de violeta de Parma y alcohol de buen peso, antes de que se manifieste el enebro junto a la lavanda.

CAMPO DE SABOR Floral/Herbal

3.5	**Gin-tonic:** ¿Demasiado perfumado? Habrá quien crea que sí. En ese caso hay que aligerarlo para que la combinación funcione bien.
3.5	**Con Sicilian Lemonade:** La acidez del refresco contribuye a equilibrar todos los elementos y el perfume es controlado. También resulta mejor si se rebaja la ginebra.
4	**Negroni:** N2 Prosigue la intensidad alpina; definitivamente, funciona mejor con Aperol que con Campari. En boca es limpia y penetrante, con la ginebra gritando a pleno pulmón.
4	**Martini:** Agradable y con impulso. Otra vez esa explosión de prado alpino. Mejor en proporción 5:1, si no queremos sufrir una sobrecarga herbal.

BOTÁNICOS

Enebro • Piel de limón

VAN WEES THREE-CORNER DRY GIN 42% vol. alc. Holanda

La firma de A. van Wees se ocupa de hacer *genever* (y ginebra) desde 1782 y es la última destilería que queda operativa en Ámsterdam. Además de un surtido de 17 ginebras holandesas, elabora ginebras secas como esta, que según declara «respeta la influencia inglesa». Aunque es más aromática que un destilado, sólo se usan dos botánicos: enebro y piel de limón. Muy limpia y penetrante en nariz, con cantidad de limón fresco y pino: una clara demostración de cómo se unen de manera natural estos dos aromas. Asegura ser seca y lo es. En boca resulta suave, con buena complejidad a mitad de camino. Únicamente con dos botánicos se puede apreciar cómo el enebro se manifiesta en la parte alta, baja y central de una ginebra. Realmente buena.

CAMPO DE SABOR Enebro	
3.5	**Gin-tonic:** Un ataque clásico de London dry, con enebro y una nota terrosa de la quinina. Quizá un poco corto, pero decente.
4	**Con Sicilian Lemonade:** Buena mezcla, limpia, con el cítrico como un compañero natural y los elementos más dulces del refresco añadiendo un poco de amplitud en boca. Me haría más que feliz que me pusieran uno de estos delante.
4	**Negroni:** N1 La proporción clásica funciona bien en este caso, con esa profundidad a marrasquino y raíces, salvia y pino, luego empiezan a liberarse elementos dulces/amargos. Atractivo equilibrio.
4	**Martini:** Bastante oleoso y rico, da a la lengua algo de lo que ocuparse y en boca se vuelve más perfumado a media que se calienta. Funciona igual de bien con 5:1.

BOTÁNICOS

No figuran todos, pero incluye: Enebro • Raíz de lirio • Canela • Piel de naranja • Pétalos de rosa

VICTORIA GIN 45% vol. alc. Canadá

Victoria Spirits, con sede justamente en Victoria, Vancouver Island, empezó a producir ginebra en 2008, con lo que se convirtió en uno de los primeros destiladores artesanales de Canadá. Pretende ser la primera firma en producir ginebra y utiliza una mezcla de botánicos clásicos y de origen local, como pétalos de rosa. Tiene un principio oleoso con un leve toque a cúrcuma, que sugiere que se usa un alcohol base muy cremoso. Hay un poco de casia, algo de cilantro y una nota de fondo que recuerda al malvavisco. Con agua surgen unos cuantos elementos más pino/herbales, con bayas de enebro frescas y semillas de hinojo. En boca es tan densa y mantecosa como sugiere en nariz, pero los botánicos son lo bastante contundentes para hacerse oír. Tiene casi el mismo peso que una ginebra holandesa y puede (quizá debería) ser tratada de la misma manera. El jengibre ofrece un impulso final bastante enérgico. El agua lo vuelve todo un poco demasiado suave, por lo que yo prepararía mezclas fuertes.

CAMPO DE SABOR Especiado	
3.5	**Gin-tonic:** Conserva un elemento herbal que recuerda ligeramente a reina de los bosques y apio dulce. Para lograr un buen equilibrio es mejor la dilución más alta.
4	**Con Sicilian Lemonade:** Un acuerdo justo entre los dos elementos. El limón añade duración. Funcionaría igual de bien en un fizz.
3.5	**Negroni:** N2 Emerge el peso del alcohol. El vermú contribuye a distribuir los aromas de manera agradable y aporta suavidad.
3.5	**Martini:** Limpio con más notas de violeta al inicio. Ese pesado elemento cremoso ayuda aquí gracias a la temperatura baja, y añade peso antes de que surja la canela. Tiene carácter. Hay que probarlo también en un Martinez.

BOTÁNICOS

No figuran, pero son 12, que incluyen: Enebro • Semillas de cilantro • Mirto limón • Piel de lima • Semillas de zarzo dorado (especie de acacia australiana)

THE WEST WINDS GIN THE SABRE 40% vol. alc. Australia

En 2009, James Clarke y Paul White dan un buen uso al alambique que el segundo importó. Junto a Jeremy Spencer y Jason Chan crearon la Tailor Made Spirits Company de Margaret River, en Australia Occidental. The West Winds fue su primer lanzamiento. Sus ginebras (la otra es The Cutlass) emplean botánicos clásicos de la London dry, así como una sensata incorporación de otros nativos de la región. En The Sabre está presente la característica y penetrante nota del mirto limón, que aparece primero, seguida de cítricos que recuerdan a la lima y el pomelo. Todo resulta muy intenso, con enebro parecido a salvia al fondo. A medida que se expande, emerge mentol. Aromática y ligera en boca, con toques florales y una cualidad refrescante. Es una nueva ginebra larga y fragante con el enebro justo al final para ralentizar. El conjunto posee un excelente equilibrio. Una marca a seguir.

CAMPO DE SABOR Cítrico	
4	**Gin-tonic:** Equilibrado y al mismo tiempo con mucho impulso y buena persistencia. Resulta igual de atractivo si se aligera, ya que mantiene carácter.
5	**Con Sicilian Lemonade:** Una mezcla intrigante, porque todos los aromas se complementan los unos a los otros en vez de sobrecargar las cosas. Muy refrescante y recomendable.
4	**Negroni:** N2 Limpio, con un comienzo fresco dulce/amargo. De inmediato se transforma en una bebida con clase y buenas notas de pieles, enebro y un gran peso en boca. Un Negroni para el verano, aunque en Margaret River siempre es verano.
4.5	**Martini:** Demasiado húmedo en una proporción 4:1, pero si es más seco emerge todo el carácter de la ginebra, que ofrece eucalipto herbal. Limpio y seco, con mucho carácter.

BOTÁNICOS

No figuran

XORIGUER 38% vol. alc. España

La ginebra se fabricó por vez primera en la isla de Menorca en el siglo XVIII, mientras estaba controlada por los ingleses (entre 1713-1756, 1763-1783 y 1798-1802). De importancia estratégica, albergaba una gran guarnición de sedientas tropas y marinos que comenzaron a exigir ginebra. Se importó enebro, se destiló vino y nació la ginebra de Mahón. Como marca, Xoriguer apareció en la década de 1920. La fórmula botánica es un secreto, pero sin duda lleva enebro y hierbas locales. Madura durante un corto periodo en cubas. En nariz abre con una explosión de polen de hinojo silvestre, luego surge un toque seco y amargo parecido al ajenjo. Lo siguiente es perifollo oloroso, romero, menta y angélica que recuerda a apio. El enebro es discreto. El alcohol es casi masticable y en boca se aprecian laurel, hierbas y enérgico cilantro, junto con lo que parecen ser comino, anís y lavanda. No se parece a ninguna otra ginebra.

CAMPO DE SABOR Floral/Herbal

4	**Gin-tonic:** En cuanto al carácter, la tónica contribuye a refrenar ligeramente la lavanda en boca, pero también extrae notas de salvia. Perfumado, diferente y con una correcta persistencia.
2	**Con Sicilian Lemonade:** En este caso surge el elemento sustancioso presente en el alcohol y los sabores resultan demasiado herbales.
3	**Negroni:** N2 Debe guardar esta relación para frenar los elementos aromáticos de la ginebra, pero no importa lo que uno haga: siempre acaba en las polvorientas colinas de Menorca.
4	**Martini:** Como beber un jardín de hierbas. Perfumado y bastante oleoso, pero con auténtico estilo.

AMERICANAS

Todo empezó con una reacción en contra de la cerveza industrial y la posterior aparición del movimiento cervecero artesanal norteamericano, poderoso y en continua evolución. Con el tiempo, muchos de esos cerveceros decidieron introducirse en el mundo de los destilados, aunque con los mismos principios básicos: pequeña escala, local y premium. Desde el inicio, la ginebra formaba parte de su plan. Se unieron algunos especialistas en destilación ya existentes, y a estos se sumaron barmans, historiadores y escritores. Sentían curiosidad por hacer algo que fuera nuevo y diferente.

Algunos buscaron técnicas de destilación, otros miraron hacia el pasado para crear un escenario hipotético: ¿qué habría sido de la ginebra estadounidense sin la Prohibición? Recolectaron y maceraron, leyeron y redactaron manifiestos, se expandieron por áreas urbanas y rurales, bosques y aldeas. Algunos rechazaban el enebro, otros lo respaldaban incondicionalmente; algunos usaban alcohol neutro, otros una base de menor graduación.

Estados Unidos «hacía» ginebra, pero lo irónico es que Estados Unidos nunca había hecho realmente ginebra. Esa situación ha cambiado. Hay una nueva y excitante frontera, una que no deja de desplazarse.

BOTÁNICOS

Lavanda • Zarzaparrilla • Semillas de cilantro • Cardamomo • Enebro • Semillas de anís • Piel de naranja dulce

AVIATION 42% vol. alc.

Aviation nació gracias a la unión de mentes y talentos: el equipo de la destilería Oregon's House Spirits de Portland y el barman Ryan Magarian. Fue lanzada en 2006 como una de las ginebras del «Nuevo Oeste», cuyos artífices pensaron que el enebro no debía desempeñar un papel tan destacado. Como muchos destiladores de nuevas ginebras, redujeron el enebro para establecer «una democracia botánica» y añadieron elementos aromáticos novedosos, en su caso zarzaparrilla. Amplia y ligeramente carnosa en nariz, con un telón de fondo polvoriento, presenta inicialmente un tono bastante alto con el cardamomo, un poco de lavanda y un toque de menta, lima y cilantro. En boca ofrece una intrigante mezcla dulce-amarga, con impulso floral al principio, que se vuelve profundo y especiado, y una pizca de pino al final. Esta ginebra encabeza la brigada New Western.

CAMPO DE SABOR Especiado

4 **Gin-tonic:** Muy floral al comienzo, con una pizca de anís y un punto dulce-amargo, que puede deberse a la zarzaparrilla. Más especias, en particular cardamomo. No tiene nada que ver con un Gin-tonic medio, pero tampoco lo pretende.

2.5 **Con Sicilian Lemonade:** El refresco añade algo de cítrico, pero el efecto conjunto es un poco plano.

3.5 **Negroni:** N3 Limpio, con mucha zarzaparrilla y cardamomo en primer plano. Con el vermú se produce una fuerte sacudida. Intenso es la palabra.

3.5 **Martini:** La sequedad de la ginebra sale a relucir, así que hay que equilibrarla con el vermú. Esto significa que lo ideal es una proporción 4:1. Se convierte en una bebida bastante picante.

BOTÁNICOS

Enebro • Semillas de cilantro • Piel de naranja amarga • Granos del paraíso (pimienta de Guinea) • Raíz de angélica • Corteza de casia • Raíz de lirio • Cardamomo • Bayas de pimienta de Tasmania

BIG GIN 47% vol. alc.

Aunque el especialista en ginebra de Seattle Captive Spirits es un recién llegado –la fundaron en 2011 Ben y Holly Capdevielle–, no pertenece al bando New Western *(véase página anterior)*. Cualquier persona que se haya criado con las clásicas ginebras secas donde se impone el enebro, reconocerá en esta un espíritu afín. Los cítricos dan la salida al desfile de aromas, seguidos de cerca por un enebro muy púrpura, con esa brillante nota a bayas que aparece en algunas nuevas ginebras norteamericanas, aunque la contrapartida es que puede no ser capaz de respaldar los botánicos. En boca es agradable y de textura suave (los botánicos descansan en un lecho de alcohol de maíz), con una nota picante del cilantro y (presumiblemente) de la pimienta de Tasmania. Especiada al final, con el conjunto muy bien equilibrado y controlado. Incluso los tradicionalistas más estrictos se sentirán impresionados.

CAMPO DE SABOR Enebro	
4.5	**Gin-tonic:** Funciona de maravilla, con un atractivo toque clásico a enebro/raíces en boca, coronado y seguido por cítrico y pimienta. Se endulza un poco y tiene buena duración. No necesita rodaja de limón.
3.5	**Con Sicilian Lemonade:** Como con la tónica, surge la dulzura presente en el corazón de esta ginebra, aunque no estoy seguro de que el amargor del limón sea la compañía ideal.
3.5	**Negroni:** N1 Potente, con ese elemento picante que añade algo de hormigueo en la lengua. Quizá un poco demasiado dulce para los clasicistas, pero funciona.
4	**Martini:** 4:1 es demasiado húmedo –el enebro es un elemento demasiado fuerte aquí–, pero si se aplica la relación 5:1 funciona, siempre que nos gusten los clásicos martinis secos con enebro/raíces. Final picante. Bueno.

BOTÁNICOS

Enebro • Raíz de lirio • Semillas de cilantro • Raíz de angélica • Cardamomo • Piel de limón • Piel de naranja

COLD RIVER 47% vol. alc.

Fundada en Freeport, Maine, en 2005 por Chris Dowe, Cold River afirma que sus licores (fabrica ginebra y vodka) tienen como base la patata. Para ser precisos, muchas patatas de Maine, cultivadas por su socio Donnie Thibodeau en Green Thumb Farms. La ginebra, que fue lanzada en 2010, tiene una base de alcohol de patata destilado tres veces en alambique. El arranque presenta una penetrante nota a enebro-pino (tiene mucho más que ver con las clásicas ginebras secas que con el enfoque New Western; *véase* p. 138), con algo de cilantro-limón y angélica en su manifestación dulce. El agua extrae cítricos ligeros, además de cardamomo y una nota floral general. La naturaleza del alcohol de patata también desempeña su parte, en particular en boca, donde se aprecia su cremosidad. Se mantiene el enebro, pero se impulsan cada vez más los aromas, con un final maduro y largo.

CAMPO DE SABOR Enebro/Floral

3.5 **Gin-tonic:** Permite que la tónica impulse hacia delante los botánicos, en especial enebro y cardamomo. Muy cremoso, lo que lo convierte en una combinación con mucho peso, que algunos querrán aligerar.

3.5 **Con Sicilian Lemonade:** Ahora es el turno de las raíces. En boca sigue siendo densa, pero los cítricos impulsan la frescura.

3.5 **Negroni:** N1 La riqueza del alcohol implica que termina siendo ligeramente más dulce, así que hay que rebajarlo, en particular el vermú. Comienzan a emerger más características florales. Un decente equilibrio.

3.5 **Martini:** En una proporción 4:1 resulta realmente recio, así que vale la pena aumentar la ginebra. Floral de nuevo, con más cardamomo. Limpio, pero muy denso.

BOTÁNICOS

Enebro • Semillas de cilantro • Semillas de hinojo

DEATH'S DOOR 47% vol. alc.

En 2005 abrió en Washington Island (entre Green Bay y el lago Michigan) The Death's Door Distillery con el encomiable propósito de ser tan local como fuera posible. La base es un alcohol de trigo/malta de cebada localmente cultivados, mientras que los botánicos son una mezcla muy sencilla de enebro (de la isla) y cilantro e hinojo cultivados en Michigan. La intensa nota limón/afrutada que aparece al principio hace que uno se pregunte si el cilantro de Michigan es diferente. El enebro-pino posee una brillantez de baya resinosa. En boca el enebro recuerda más a lavanda, luego hay una explosiva nota especiada-frutal a cilantro en el centro, antes de que empiece a tomar forma el anís junto con una ligera nota mineral. La sensación de opulencia que presenta el alcohol base es inusual en ginebras secas, aunque puede despertar el interés de aquellos que han probado la ginebra holandesa.

CAMPO DE SABOR Enebro	
3	**Gin-tonic:** Con la tónica ofrece más anís. Necesita limón fresco para compensar la falta de pieles cítricas. Seca, persistente, pero un poco pobre el final de boca.
3.5	**Con Sicilian Lemonade:** Parece dominar el limón, pero en boca demuestra lo bien equilibrada que está. Limpia y bastante larga.
4	**Negroni:** N1 Funciona la proporción clásica, ya que hace falta que el Campari añada peso. No hay que preocuparse: la ginebra es lo bastante rica para hacerle frente, mientras que el hinojo y el vermú presentan una afinidad natural.
4	**Martini:** Se revela la textura del alcohol. Una bebida agradable, en la que aparece más anís. Mantener la relación 4:1 para que permitir que otros elementos herbales añadan complejidad. Probar con La Quintinye Extra Dry o Vya Extra Dry.

BOTÁNICOS

Enebro • Hibisco seco • Flor de saúco • Piel de naranja • Piel de limón • Piel de pomelo • Canela

DOROTHY PARKER 44% vol. alc.

La fabrica en Brooklyn la New York Distilling Company (Allen Katz y Tom Potter, *véase también* p. 181). Recibe el nombre de la legendaria e ingeniosa escritora, además de –más importante en este caso– consumidora de ginebra. No es tan acerba como Dorothy: se abre con una explosión densamente cítrica seguida de fruta y flores, con notas a terpeno del enebro como telón de fondo, que añaden estructura y profundidad. Una versión muy moderna de algunos principios muy antiguos. En boca muestra más riqueza floral, que transforma el enebro en lavanda. Todo queda equilibrado por las pieles cítricas –la del pomelo la dominante–, cilantro y por último algo de casia. En estado puro demasiadas cosas reclaman la atención, por lo que es un alivio añadirle agua. Entonces, cada elemento deja de intentar imponerse a los otros y se revela el verdadero equilibrio. Consigue la austeridad de una ginebra seca con una densa profundidad floral.

CAMPO DE SABOR Floral	
4	**Gin-tonic:** Todo está bien integrado y equilibrado. Muy fresco, picante y cítrico. Mejor si se toma en una proporción 1:2.
3	**Con Sicilian Lemonade:** Había pensado que todas esas pieles harían de esto una cosa muy simple, pero el efecto global es un poco acumulativo.
4.5	**Negroni:** N2 Más pomelo y flores, que se funden con el Campari, pero por detrás juegan duro las bayas de saúco y enebro, que se alían con el vermú. Muy rico.
4	**Martini:** Montones de pieles y flores. Aunque hay un punto muerto inicial entre enebro y vermú, terminan como buenos amigos. A bajas temperaturas se enturbia (se vuelve opaco).

BOTÁNICOS

Enebro • Semillas de cilantro • Manzanilla • Flor de saúco • Pieles de cítricos • Jengibre azul tailandés • Canela • Raíz de lirio • Bayas de saúco

GREENHOOK GINSMITHS AMERICAN DRY 47% vol. alc.

En años recientes, Brooklyn se ha convertido en un centro de artesanos destiladores. Los hermanos DeAngelo, Steven y Philip, empezaron a dedicarse a la producción de ginebra en 2012. Se fabrica –a partir de un alcohol con base de trigo– en un alambique de cobre que opera al vacío. Eso da un punto de ebullición más bajo, lo que, en teoría, aumenta la intensidad de los botánicos sin que dé la impresión de hortalizas o aromas pasados de cocción. Comparte con otras nuevas ginebras estadounidenses una intensa y penetrante apertura. En este caso se trata de un elemento cítrico que recuerda al kumquat, con algo de florales y frutos verdes. Luego se vuelve más ortodoxa, a medida que aparecen enebro y cilantro (nada que temer, sigue siendo ginebra). Igual de fresca en boca, presenta más manzanilla y el enebro se instala en mitad de la lengua sobre un fondo terroso y especiado.

CAMPO DE SABOR Cítrico

4	**Gin-tonic:** Aquí aparecen más claramente los florales (todavía más si la tónica es Fever-Tree Elderflower); un buen nivel de complejidad. Fresco y seco, aunque un poco amargo.
4.5	**Con Sicilian Lemonade:** Volvemos al inicio cítrico. Con sabor a pieles y muy largo, suave en el centro y poco especiado.
4	**Negroni:** N2 En este caso surge más enebro. Esta mezcla permite experimentar lo mejor de la ginebra. Buen equilibrio e integración.
3.5	**Martini:** Limpia y muy pura, pero necesita que el vermú le aporte cierta estructura.

BOTÁNICOS

No figuran, pero oficialmente «más de una docena». ¡Hay, por supuesto, junípero!

JUNÍPERO 49,3% vol. alc.

A Fritz Maytag, fundador de San Francisco's Anchor Distilling, le gustaba plantearse esas difíciles cuestiones que desafían las ortodoxias. ¿Cómo sería un whisky 100 por 100 a base de centeno? ¿Cómo sabría una ginebra con gran cantidad de enebro? Sus respuestas eran recreaciones líquidas del rico legado destilador estadounidense. La llegada de Junípero en 1996 no recreó simplemente un sabor del pasado, sino que demostró que se podían hacer licores artesanos premium en Estados Unidos. Comenzó una revolución de la American New Gin.

En nariz, Junípero ofrece enebro rico en terpeno con algo de respaldo de cilantro-limón. Creo que ahora es menos extrema que en los años noventa (o puede que el mundo simplemente se haya acostumbrado), ya que presenta cítrico por encima, además de una potente nota a violeta. En boca es suave, rica y enérgica sin complejos. No sólo es simbólicamente importante, sino que sabe genial.

CAMPO DE SABOR Enebro	
5	**Gin-tonic:** Pensé que sería demasiado para el refresco, pero la tónica establece un mano a mano y surge una densidad dulce. La profundidad botánica se abre con más canela. Equilibrado. Necesita limón, pero funciona muy bien.
3	**Con Sicilian Lemonade:** Ligeramente amargo, lo que no es malo siempre que haya suficiente dulzura. No estoy seguro de si la que posee es suficiente.
5	**Negroni:** N1 Un comienzo seco y apagado en nariz, luego mucha cereza, cacao y pino. Rico, profundo, amargo y mortalmente serio.
5	**Martini:** En una proporción 4:1 es fresco, vinoso, limpio, con efusión de botánicos; brillantemente seco en la lengua. Podría resultar demasiado seco para algunas personas.

BOTÁNICOS

No figuran, pero incluye: Enebro • Semillas de cilantro • Cardamomo • Bergamota

LEOPOLD'S NAVY STRENGTH

57% vol. alc.

Los hermanos Leopold, Todd y Scott, empezaron a hacer cerveza artesanal en Michigan en 1999 y dos años después pasaron al destilado. Hoy llevan a cabo sus operaciones en Denver, Colorado. Para la Navy Strength han eliminado el pomelo de su Small Batch y lo han reemplazado por la más intensa bergamota. Se ha duplicado la cantidad de enebro, y se han incrementado cilantro y cardamomo. Todos se destilan por separado. Sorprendentemente, este enfoque con 11 potentes aromáticos no ha aumentado la presencia del enebro ni la alta graduación hace que resulte demasiado fuerte. En lugar de eso, hay un ramillete de esencias florales de melocotón con un toque de bergamota. Más adelante, se convierte en una especie de aguardiente de enebro perfumado, con notas que recuerdan a citronela y pimienta blanca; a continuación, una nota a éster, perfumada, mientras en boca tiene una cualidad casi de delicia turca antes de un final con bergamota, pino y raíces.

CAMPO DE SABOR Floral/Cítrico/Enebro	
3.5	**Gin-tonic:** La tónica contribuye a fijar el remanente, rebajando este popurrí de aromas. Buen equilibrio y limpieza.
3.5	**Con Sicilian Lemonade:** Limpia y vibrante, las flores están bajo control.
3.5	**Negroni:** N4 Intenso. Para empezar, el aspecto floral y la bergamota se comportan como *hooligans* con el Campari, mientras el enebro se muestra mohíno al principio. Luego avanza y se encadena con el vermú. Una combinación tempestuosa.
4	**Martini:** El nivel más alto de alcohol contribuye a dar una sensación untuosa y el vermú (si la proporción es 5:1) añade una agradable nota verde. Surge más enebro y la bergamota está mejor equilibrada.

BOTÁNICOS

No se declaran todos, pero oficialmente «entre 8 y 11», incluyendo: Enebro • Bergamota • Piel de limón • Cardamomo • Corteza de casia • Raíz de angélica • Semillas de cilantro

N.º 209 46% vol. alc.

Lanzada en 2005, procede de una destilería que se asoma al agua en el muelle 50 de la bahía de San Francisco. La firma fue fundada por Leslei Rudd, antiguo propietario de Dean & DeLuca y actual propietario de Rudd Oakville Estate Winery y Edge Hill Estate (que era originalmente la sede de la destilería N.º 209). Su alambique de 7,5 metros se inspiró en los de la destilería de whisky Glenmorangie's, lo que no resulta tan sorprendente como parece a simple vista, si tenemos en cuenta que los de Glenmorangie pertenecieron originalmente a la destilería de ginebra de Edward Taylor en Chelsea (*véase* p. 63). Se abre con cítricos frescos -limón, lima y bergamota- antes de que aparezca el suave enebro por encima de una discreta nota floral de fondo. En boca tiene un montón de cítrico al comienzo, es potente a la mitad y muestra lavanda, hinojo y apio; al final, cálido cardamomo y casia. Es una ginebra seria y equilibrada.

CAMPO DE SABOR Especiado/Cítrico	
5*	**Gin-tonic:** Gloriosos, con un genuino impulso del limón. Una de esas combinaciones donde todo encaja y queda realzado. La quintaesencia del Gin-tonic. Excelente.
4.5	**Con Sicilian Lemonade:** Naturalmente, es cítrico, pero aunque la ginebra se evapora lentamente, hay peso y untuosidad a mitad de camino.
4.5	**Negroni:** N2 Bastante seco y muy especiado. El detonador aquí es el cardamomo, situado en el centro, que influye en todo. Hay una nota a hierba seca; bastante dulce y parecido a la cereza, con ligera bergamota.
5	**Martini:** El vermú aporta respaldo herbal y su vinosidad añade textura y una suave dulzura. Muy complejo, fluye agradablemente. Igual de bueno, pero más clásico, en proporción 5:1.

BOTÁNICOS

Enebro • Raíz de angélica • Bayas de laurel • Bergamota • Pimienta negra en grano • Semillas de alcaravea • Cardamomo • Hojas de cilantro • Semillas de cilantro • Canela • Lúpulo citra (var. americana) • Semillas de eneldo • Semillas de hinojo •Jengibre • Piel de limón • Piel de lima • Raíz de lirio • Piel de naranja de Sevilla • Anís estrellado

ST. GEORGE BOTANIVORE

45% vol. alc.

Jörg Rupf empezó a fabricar aguardiente en su destilería de St. George Spirits en 1982. Desde entonces la destilería se ha expandido a un hangar para aviones (donde nació el vodka Hangar One) y ha incluido whisky de malta, absenta, ron y, desde 2011, ginebra. Esta es una loa a los botánicos: 19. Durante la destilación se colocan tres de ellos (enebro, laurel y hojas de cilantro) en una cesta de vapor, mientras los otros son macerados antes de que todo sea destilado. Hay un aroma a garriga, con un inmenso impacto herbal; después van los cítricos con la bergamota abriéndose paso antes de que aparezcan toques de pino, seguidos por hortalizas silvestres. En boca se repiten esos elementos, pero con más anís. Sólo al final aflora el enebro de la mano de la raíz de lirio y el cardamomo. Es una ginebra centrada, compleja y generosa.

CAMPO DE SABOR Herbal/Especiado

4	**Gin-tonic:** Retorna esa nota herbácea y hay cierta dulzura en el centro. Es un Gin-tonic fuerte y complejo, que necesita ser aligerado.
3.5	**Con Sicilian Lemonade:** Limpio y bueno, pero como muchas ginebras con cantidad de botánicos el refresco no consigue centrarse.
3	**Negroni:** N1 Aquí, la nota herbal ofrece un vínculo al vermú, mientras las pieles (en especial la de bergamota) se alían con el Campari. Es una serie amplia y casi desconcertante.
4.5	**Martini:** En este caso, proporción... De hecho, mejor sin vermú: no hacen falta más hierbas. Se vuelve más seco, con más pino, especias y anís. Genial.

BOTÁNICOS

12 en total, pero los únicos declarados son: Salvia • Abeto de Douglas • Enebro • Semillas de cilantro tostadas • Laurel

ST. GEORGE TERROIR GIN

45% vol. alc.

Destilar aguardiente, que es como empezaron el fundador de St. George, Jörg Rupf, y el actual propietario/maestro destilador, Lance Winters (*véase* p. 147), supone capturar la esencia más pura de los ingredientes. Esto es esencial para entender la ginebra *terroir* de esta firma. No se trata sólo de una destilación de botánicos, sino de destilar un lugar, en concreto el bosque y chaparral de detrás de la destilería. Hay abeto de Douglas, salvia, enebro y laurel, además de semillas de cilantro tostadas en wok (no es nativo, pero Winters afirma que las semillas tostadas huelen como el chaparral). La salvia y el abeto se destilan por separado, el laurel y el enebro en una cesta de vapor, el resto dentro del alambique. Resulta una alucinatoria inmersión en un bosque. Hay pino, resina, una nota de salvia, un impulso de mentol aterciopelado, una intensa nota a laurel que recuerda al geranio, malagueta, especies tostadas, enebro y semillas de anís. Con agua presenta aún más raíces. En boca se produce un impacto retronasal masivo. Es todo un viaje.

CAMPO DE SABOR Enebro	
X	**Gin-tonic:** Demasiado compleja.
X	**Con Sicilian Lemonade:** Tampoco funciona en este caso.
X	**Negroni:** En nariz ofrece esperanzas. Me refiero a que es tan desmesurado como cabría esperar, pero en boca resulta un choque en cadena.
5*	**Martini:** Tomar sin vermú. Empezar a correr por un antiguo bosque húmedo. Inmensas cantidades de abetos, pinos y laureles. Terminar sudando en una choza perfumada con incienso de salvia. Me encanta.

OTRAS GINEBRAS

En nuestra ansia por lo nuevo, podemos olvidarnos de los precedentes. Por suerte, una de las claves para ser destilador es ser muy consciente del pasado. Afortunadamente, se han mantenido vivos los estilos por una tozuda creencia en su calidad. La ginebra holandesa *(genever)* es uno de esos estilos.

De ahí procede la ginebra *(gin),* aunque se haya ignorado por los consumidores en sus lugares de origen y malinterpretado por el resto del mundo. Eso ha cambiado. La ginebra de estilo holandés vuelve a jugar un papel en la escena mundial. Es un vínculo con el pasado de la ginebra, un puente entre esta y el whisky, otra faceta de la cultura de la ginebra. No las ignoremos. Son asombrosas.

También los barmans poseen un profundo conocimiento de todo lo anterior y con el resurgir de la ginebra renació del interés por los antiguos combinados. Para hacerlos necesitaban ginebras al «viejo estilo» y los destiladores aceptaron. Felizmente ahora estamos en un mundo donde otra vez se hace y se bebe Old Tom, un mundo en el que se aprecian las ginebras reposadas en barricas.

Igual pasa con las ginebras frutales: la sensualidad de la endrina o la ciruela damascena, la dulzura de la frambuesa, u otro fruto que imaginemos. Podemos adquirirlas embotelladas, pero también fabricar las nuestras. Todo lo que necesitamos es fruta madura, un congelador para conservarla durante un día, ginebra de calidad y una botella vacía, que rellenaremos hasta la mitad con la fruta y completaremos con la ginebra. Y tiempo: unas 12 semanas. Bueno y algo de almíbar, o sirope de goma (*véase* p. 188) para ajustar el grado de dulzura una vez hecha.

BOTÁNICOS

Enebro • Raíz de lirio • Semillas de cilantro • Raíz de angélica • Piel de naranja dulce • Limones enteros frescos • Raíz de regaliz • Cardamomo • Vaina de vainilla

DUTCH COURAGE OLD TOM'S GIN 40% vol. alc. Holanda

Era una cuestión de tiempo que Patrick van Zuidam hiciese una Old Tom. Después de todo, ha elaborado los demás estilos de *gin* y *genever* (*véanse* pp. 119, 159, 174-176 y 179). Lanzada en 2013, ha reposado en barrica, con el añadido de un ligero matiz a limón, mientras que las notas a roble están ahí desde el principio. Las especias son bastante secas, lo que significa que en nariz no hay una indicación real de dulzura. En vez de eso, presenta limón confitado (se usan limones enteros) unidos a cilantro, especias picantes y un ligero toque a nueces. Es mejor añadir un poco de agua para suavizar el aroma y hacerlo más expresivo. Sólo entonces surge el enebro-pino. En boca, sin embargo, es claramente Old Tom, con notas melosas a sirope frutal que emergen junto a menta, enebro, cilantro y especias navideñas. El roble es equilibrado y levemente vainillado. De nuevo, el agua hace que las cosas cobren coherencia y amplifica la textura. Es rica sin duda, pero no empalagosa: de hecho, comienza a secarse ligeramente al final.

4	**Cóctel de ginebra:** Bastante malteado con un buen impacto de elementos amargos. En boca destacan más cilantro y cardamomo. Fuerte.
3.5	**Gin Fizz:** ligero toque a nueces al principio, pero la dulzura extra permite que el zumo de limón aparezca y haga retroceder al roble.
4	**Martinez:** Demasiado densa y dulce para un Martinez. Ajustada a las proporciones del Turf Club funciona mucho mejor, con una pizca de amargor que actúa como contrapeso.

BOTÁNICOS

No declarados

JENSEN'S OLD TOM 43% vol. alc.

Reino Unido

Hay una diferencia significativa entre esta Old Tom y las demás del mercado: no se endulza. Podríamos preguntar con razón cómo va a ser entonces una Old Tom. La respuesta es que Christian Jensen opina que en los días de apogeo de la Old Tom no se usaba azúcar -era demasiado cara- y que la dulzura procedía de los botánicos. El debate continúa. No sorprende que se trate de un tipo distinto de Old Tom. Muy amplia, al estilo Jensen, el alcohol parece tener mucho que decir en este caso. Procede de su nueva destilería de Bermondsey (*véase* p. 93) y tiene un ligero toque a nueces/malteado que la acerca a la ginebra holandesa. El enebro está arriba de la mezcla, con raíces terrosas y algo de cilantro picante, pero poco empuje cítrico. El agua añade florales y una nota similar al aceite de sésamo. En boca parece muy seca al principio, con pino y salvia. El endulzado es realmente muy sutil, resultando más bien una ginebra semiseca. El agua mejora el despliegue y la complejidad.

X	**Gin-tonic:** Impacto masivo, pero en boca la tónica va por un lado y la Old Tom por otro.
3.5	**Gin Fizz:** Hay que subir la dosis de azúcar para conseguir un buen equilibrio en este caso. Al hacerlo, presenta bastantes raíces aunque resulta aceptable.
4	**Martinez:** El mejor del trío (esos victorianos sabían lo que hacían). El marrasquino es la clave: extrae un toque a violeta y lo arrastra antes de unirlo a la cereza profunda del vermú. Bueno.

BOTÁNICOS

Enebro • Semillas de cilantro • Raíz de angélica • Piel de limón • Piel de naranja • Raíz de lirio • Cardamomo • Corteza de casia • Raíz de regaliz • Canela • Nuez moscada

HAMMER & SON OLD ENGLISH GIN 44% vol. alc. Reino Unido

Ni pretende ser una Old Tom ni necesita hacerlo. Se trata de la recreación de una receta de 1783 y en esa época la ginebra se endulzaba. Hasta el recipiente es un reflejo de un tiempo anterior a aquel en que la ginebra empezaba a ser embotellada por los productores. Los destiladores abastecían a los vendedores, que almacenaban la ginebra en barricas o botellas, en ocasiones de productos de marca, o en cualesquiera contenedores de los que dispusieran. Está claro que este comerciante en cuestión hacía negocios con Champagne. Está todo muy pensado, como era lógico esperar de Henrik Hammer (*véase* p. 85). La ginebra –elaborada en Langley (*véase* p. 75)– es excelente. La dulzura no es demasiado evidente (la dosis es 4 gramos por litro), pero está bien integrada en la mezcla. Añade peso a las notas verdes y a madera, angélica, enebro oleoso y crujientes especias. Se tiene la sensación de una masa de sabor controlado. El agua libera salvia, brezo y más cilantro. En boca presenta una naturaleza burbujeante, alimonada y vibrante, que contrarresta la muy sutil dulzura, a la que también contribuye el regaliz. Es una ginebra seria, equilibrada.

3.5	**Gin-tonic:** Enérgico, con un montón de raíces. La dulzura de la Old Tom surge bastante tarde, equilibrando las raíces y la quinina. Decente.
4	**Gin Fizz:** Muy limpio y cítrico, con una excelente expresividad de la ginebra. Para relamerse los labios, equilibrado.
5	**Martinez:** Gracias a la delicada dulzura de la ginebra no resulta demasiado azucarado al añadir el vermú. Por el contrario, se extraen más notas amargas y riqueza. Complejo, equilibrado y con un punto salado.

BOTÁNICOS

Enebro • Semillas de cilantro • Nuez moscada • Canela • Piel de naranja • Piel de limón • Raíz de angélica • Raíz de lirio • Corteza de casia • Raíz de regaliz

HAYMAN'S OLD TOM 40% vol. alc.

Reino Unido

El lanzamiento en 2007 fue una señal de que este tipo de ginebras era tomado en serio de nuevo, al menos por los barmans. Podríamos pensar que el interés por las antiguas bebidas y la falta de Old Tom facilitarían la decisión, pero seguía siendo un riesgo. Puede que los barmans la quisiesen, pero ¿querría el público beber ginebra endulzada? Una cosa es preparar una bebida por diversión y otra muy distinta que sea comercialmente viable. El hecho de que siga aquí demuestra que el destilador tenía razón. Esta ginebra es una receta de la familia Hayman de la década de 1870. Los botánicos se ajustan a los dictados por la firma, aunque en una proporción ligeramente distinta y, como es obvio, azucarada. En este caso se percibe más el aspecto de violeta perfumada, junto con algo de naranja, regaliz y un poco de mazapán. La dulzura parece dar un empujoncito a todo y al añadir agua surgen eucalipto, pieles y pan de jengibre. En boca es suave, aunque continúa presente la acidez de los cítricos (sobre todo naranja). Se adensa más que endulzarse. Perdemos la definición de la London dry, pero sin sacrificar ningún nivel de complejidad. Misión cumplida.

3.5	**Gin-tonic:** Funciona bien en nariz, donde se extraen más notas altas. En boca, sin embargo, la dulzura sesga ligeramente las cosas y se vuelve un poco plano.
4	**Gin Fizz:** Vital y cítrico, la dulzura de la ginebra contrarresta el ataque del limón. Una combinación refrescante y bien equilibrada.
5	**Martinez:** Una dulzura aterciopelada muy propia del siglo XIX, pero bien equilibrada gracias a que la ginebra no es marcadamente dulce. Los amargos unen todo en una rica combinación brezo/hierba/raíz. Excelente.

BOTÁNICOS

Enebro • Canela • Semillas de cilantro • Clavo • Piel de naranja

BATHTUB OLD TOM GIN

42,4% Reino Unido

Tras el éxito de una ginebra supuestamente fabricada en su bañera (*véase* p. 62), el profesor Ampleforth siguió explorando la historia de la ginebra y, a propuesta de The Handmade Cocktail Company, decidió recrear una bebida estilo Old Tom. Empleó, otra vez, la técnica del destilado en frío. En nariz muestra dulzor con algo de enebro y una buena dosis de clavo. En boca es muy densa y necesita tiempo para relajarse y desplegarse. Presenta una cantidad considerablemente mayor de canela en boca que en nariz, y el final se vuelve un poco empalagoso. El agua contribuye a aligerar las cosas, pero la nota levemente medicinal a clavo se mantiene y el final de boca es descaradamente dulce. Quizá se parece más a un licor de ginebra que a una Old Tom.

3.5	**Gin-tonic:** Funciona bien en nariz: la sensación de profundidad y dulzura contrarresta los aspectos secos de la tónica. Un agradable, y dulce, Gin-tonic.
4	**Gin Fizz:** Resulta bien siempre que se sea cuidadoso con el azúcar: la ginebra ya tiene bastante. Si se prepara bien, se produce un equilibrio entre la agudeza del limón y la dulzura de la ginebra. Tiene cierto brío.
4	**Martinez:** Esta ginebra fue hecha para actuar como base de este combinado y sobrelleva bien la canela y el clavo. Los amargos le dan más sabor. Si resulta demasiado dulce, reducir los niveles de vermú y añadir unas gotas más de bíter.

BOTÁNICOS

Enebro • Piel de naranja • Piel de limón • Semillas de cilantro • Cardamomo • Raíz de angélica • Envejecida en barricas de roble francés 100 por 100 para vino durante 3-6 meses.

RANSOM OLD TOM 44% vol. alc.

Estados Unidos

La firma Oregon's Ransom Spirits de Sheridan fue fundada por Ted Seestedt en 1997 para producir alcoholes con base de uva. Se dedicó al vino, luego al whisky, el vodka y, en 2009, a la ginebra. Pero no una ginebra antigua cualquiera. Lo que sustenta los espirituosos de Seestedt es una valoración de la historia, de ahí que trabaje con su socio, el escritor e historiador de los cócteles David Wondrich (*véase también* p. 181). Para este último, lo que faltaba en la ginebra era un alcohol que pudiera recrear fielmente el usado en la primera época de los combinados de ginebra, que se preparaban con ginebra holandesa o con Old Tom (*véase* p. 23). El alcohol base es malta y los botánicos se maceran en alcohol de maíz antes de ser destilados en un alambique de fuego directo. La Old Tom también habría reposado –durante el tiempo que le costaba llegar al mercado–, así que esta ginebra envejece en roble hasta que alcanza el carácter correcto. Es amplia, con un toque a levadura y rica. Grado medio de dulzura, notas florales, roble ligero, mermelada, especias de rápida evaporación y pieles confitadas. En boca es cremosa y potente, con los botánicos casi encajonados. Cuando se despliega con el agua se distinguen más claramente cardamomo y enebro. Semiseca e integrada, es una creación con clase.

4	**Cóctel de ginebra:** Complejo en nariz con clavo, angélica, raíz de lirio y semillas de cilantro. Los amargos son un poco prominentes al final de la bebida.
5	**Gin Fizz:** Aquí la ginebra despega literalmente y exhibe su complejidad total. Sólo hay que endulzar un poco. Un auténtico trallazo.
5*	**Martinez:** La ginebra fue hecha para esta bebida. El roble aporta estructura; la mezcla es compleja, equilibrada y con distintos niveles, con una campechana y robusta elegancia. Glorioso.

BOTÁNICOS

Enebro • Semillas de cilantro • Piel de naranja amarga • Raíz de angélica • Granos del paraíso (pimienta de Guinea) • Corteza de casia • Raíz de lirio • Cardamomo • Pimienta de Tasmania • Envejecida 6 meses en antiguas barricas de bourbon

BOURBON BARRELED BIG GIN 47% vol. alc. Estados Unidos

Esta ginebra de los nuevos tradicionalistas de Captive Spirits de Seattle (*véase* p. 139) reposa seis meses en barricas de bourbon, lo que tiene escaso impacto, justo lo suficiente para ofrecer poco más que una sugerencia de vainilla y nuez moscada. Además de esa naturaleza más especiada, parece haber más cítricos y el enebro disminuye un poco en comparación con el estándar en la ginebra embotellada. En boca es muy limpia y nada agresiva: no sólo tiene como base alcohol de maíz, sino que se suaviza en la barrica. A continuación se desplaza a un bosque de enebro con un toque de pimienta. Necesita unas gotas de agua (o hielo) para convertirse en un agradable aperitivo. También funciona de maravilla con el ginger ale, que prolonga y endulza el final.

3.5	**Cóctel de ginebra:** Aparece más vainilla. El alcohol sigue siendo cremoso y tranquilo antes de calentarse y ofrecer pimienta en copos al final.
3.5	**Gin Fizz:** Funciona bien en nariz por el toque ligero y cremoso que atraviesa el limón y la soda. Las raíces juegan un papel en boca. Una buena bebida rápida.
4	**Martinez:** Hay que aumentar hasta la proporción de un Turf Club para apreciar la ginebra. El enebro y la pimienta tienen oportunidad de añadir un punto al vermú.

BOTÁNICOS

Enebro • Semillas de cilantro • Raíz de regaliz • Raíz de lirio • Piel de naranja de Sevilla • Piel de limón • Almendra amarga • Semillas y raíz de angélica • Reposada en antiguas barricas de Jean de Lillet hechas de roble francés

BURROUGH'S RESERVE OAK RESTED GIN 43% vol. alc. Reino Unido

Creada por Desmond Payne en 2013, Burrough's Reserve utiliza la receta estándar de Beefeater (*véase* p. 63), aunque luego la ginebra reposa un tiempo en barricas de Jean de Lillet. La influencia de la madera no destaca demasiado –lo justo para dar un color pajizo–, pero sirve para suavizar, oxidar ligeramente y endulzar los sabores (el vino de aperitivo Jean de Lillet tiene como base el Sauternes). Aquí están los clásicos elementos de Beefeater, cítrico y enebro, pero el efecto es considerablemente más sutil y desplaza los aromas hasta el territorio del Chartreuse amarillo (en el cual la angélica es una importante protagonista), con una ligera nota floral y a albaricoque. En boca es limpia, un poco caliente. Hace falta agua o un cubito de hielo para serenarla, otro modo perfecto de saborearla. Igual de bien funciona el ginger ale. Es equilibrada y elegante en boca, con un toque ligeramente más dulce y luego jengibre. El final es seco, con más raíces y enebro.

5	**Cóctel de ginebra:** Los amargos se funden bien y parecen extraer más notas de Lillet. La ginebra resulta sutil y limpia. Suave y bastante sofisticado.
3.5	**Gin Fizz:** Limpio y fresco, con buena energía. La ginebra añade un poco de peso. La madera no es demasiado penetrante, pero no está bastante equilibrado.
5	**Martinez:** Rico y dulce, con profundidades frutales y notas de vino caliente especiado junto a un toque añadido a galleta. Una bebida tranquila para la noche en un club de caballeros.

BOTÁNICOS

Enebro • Almendra • Raíz de lirio • Sem. de hinojo • Granos del paraíso • Piel de naranja • Ajedrea • Anís • Cardamomo • Raíz de violeta • Piel de limón • Sem. de cilantro • Bayas de cubeba • Corteza de casia • Raíz de regaliz • Nuez moscada • Raíz de angélica • Sem. de comino • Canela • Reposa en barricas de Cognac o Pineau des Charentes y toneles de roble americano; luego envejece en otro tipo de barrica con el método de solera

CITADELLE RÉSERVE 2013

44% vol. alc. Francia

Después de cinco años de experimentos, el maestro destilador de Citadelle Alexandre Gabriel se decidió finalmente por la fórmula para su ginebra añeja (*véase también* p. 118). Desde su aparición en 2013, Réserve ha cambiado. Gabriel utiliza ahora un método adaptado de solera en el cual la ginebra se dividide en tres lotes, envejecido cada uno en barricas de roble americano, antiguas de Pineau des Charentes o bien de Cognac. Tras esto se transfieren a la barrica de solera, que nunca se vacía. A medida que se embotella, se rellena la barrica con más ginebra de los siguientes lotes. Esto aporta consistencia, más suavidad y puede que más volumen. El efecto es un intenso aroma especiado con más mentol, balsamina y pimienta que la versión no envejecida. Se mantiene a raya la madera y el enebro se amortigua. Con agua aparece un montón de cilantro y pieles. En boca encontramos agradable resina de pino, hierbas y especias en polvo.

4	**Cóctel de ginebra:** Surge la angélica con algo de cálida pimienta, pipermín, clavo y enebro. Perfumado. Se vuelve muy picante.
4	**Gin Fizz:** Ligero y contenido. La ginebra tiene un efecto relajante con violeta, lavanda, hierbas y pimienta.
5	**Martinez:** Hay un toque casi ahumado. Aunque la ginebra sigue siendo sutil, lo dirige todo. Masiva concentración en boca. Clásico.

BOTÁNICOS

Enebro • Raíz de lirio • Semillas de cilantro • Raíz de angélica • Piel de naranja dulce • Limones frescos enteros • Raíz de regaliz • Cardamomo • Vaina de vainilla • Envejecida 9 meses en barricas nuevas de roble americano

DUTCH COURAGE AGED GIN 88

44% vol. alc. Holanda

Una incorporación más reciente al surtido siempre creciente de Patrick van Zuidam (*véanse también* pp. 119 y 150), que apareció en 2014. Aquí el roble es un participante más activo de lo habitual en estas ginebras: añade en nariz notas a carbón y vainilla. Esta mezcla de la barrica y el alcohol malteado incorpora aromas tipo Chartreuse: anís, cardamomo y angélica, además de mentol y pino. El roble destaca pero no domina. El agua añade más vainilla en nariz con algo de madera recién cortada –pensemos en una sauna nueva– y empuja el aroma hacia un área semiseca, antes de que las especias se compriman. En boca lucha con el roble con un toque especiado y la acidez de los cítricos, antes de suavizarse en clavo, anís, enebro y cilantro. Está buena sola: hay que probarla como si fuese un whisky. La cuestión es si las combinaciones controlarán el roble.

4	**Cóctel de ginebra:** Aquí la clave es la dulzura, ya que suaviza los taninos y oculta todo elemento agresivo; los amargos simplemente contribuyen a la mezcla. Ligero toque a coco.
X	**Gin Fizz:** Al parecer, al limón no le gusta el roble.
3.5	**Martinez:** Todavía domina ligeramente el roble, con firmeza en boca, aunque el vermú lucha para derrotarlo. Dado que hace falta recurrir a ingeniosas proporciones para equilibrar todo, es más fácil tomarla con hielo o en un cóctel de ginebra.

BOTÁNICOS

Enebro • Otros 28 más • Envejecida 4 meses en roble francés de Limousin

FILLIERS DRY GIN 28 BARREL AGED 43,7% vol. alc. Bélgica

Cuatro meses en barrica es lo que lleva a transformar la Fillier's Standar 28 (*véase* p. 120) en esta ginebra de color amarillo pajizo. El buqué sigue siendo complejo, aunque en este caso se suaviza el ataque de las especias. Además, parece haber más notas de regaliz y un aumento del limón. La oxidación ha añadido peso. Mientras que la estándar se vuelve seca con agua, esta resulta más melosa y pesada; imaginemos que estamos en un negocio de especias del siglo XVII. En boca muestra una estructura diferente con cierto efecto de densidad de la madera; todavía permite apreciar las notas altas y ese elemento cremoso y redondo. El agua deja que aflore más enebro y el final casi recuerda al vermú.

4	**Cóctel de ginebra:** Se aprecia el roble, pero posee energía botánica. Fresco y largo. Merece la pena.
4	**Gin Fizz:** Bastante expresivo y rico, con algo de mentol y cítricos. No muy largo, pero con clase.
5*	**Martinez:** Demasiado dulce como Martinez, en un Turf Club se aprecia mejor la elegancia de la ginebra y la complejidad de la mezcla botánica. Se vuelve un Manhattan de ginebra muy sofisticado, igual de bueno a temperatura ambiente.

BOTÁNICOS

No declarados, pero escogidos entre una selección de 2 clásicos y 13 de la flora del fynbos de El Cabo.

INVERROCHE AMBER

43% vol. alc. Sudáfrica

Hecha con una mezcla diferente de botánicos del fynbos que la Inverroche Classic (*véase* p. 125), no está, pese al color, envejecida. Algunos de los botánicos sudafricanos han sido seleccionados por sus niveles de taninos, que aportan color y estructura. Además, se añaden después de la destilación. En otras palabras, aunque no hay roble se comporta como una ginebra envejecida en barrica, de ahí su inclusión en este apartado. Hay un poco de alcanfor, una agradable nota a barniz y una sensación de que todo es bastante dulce y limpio: caramelo, azúcares frutales y aportaciones casi fenólicas de los botánicos. Necesita agua, que la vuelve muy perfumada. En boca la mezcla de hierbas silvestres, pachulí y zumo de fruta recuerda a un paseo por una tienda *hippy.*

3	**Cóctel de ginebra:** Una masiva explosión herbal con clavo añadido y algo de cítrico. Se mueve en un mundo de chicles de fresa. Un poco extraño.
3.5	**Gin Fizz:** Funciona en nariz, donde el limón y la soda frenan el alboroto. En boca conserva el toque a chicle/pachulí y añade una nota a lichi fresco. Tiene algo, sin duda.
3.5	**Martinez:** Muy intenso, incluso parece más un Negroni, aunque aquí no hay Campari. Muy cítrico con hierbas silvestres flotando alrededor. En boca retiene el elemento confitado. Me gusta bastante por su desquiciada locura.

BOTÁNICOS

Enebro • Semillas de cilantro • Cardamomo • Piel de limón • Pimienta negra en grano • Piel de naranja • Raíz de angélica • 50 por 100 envejecido en nuevas barricas de bourbon y 50 por 100 en antiguas barricas de Old Scout

SMOOTH AMBLER BARREL AGED 49,5% vol. alc. Estados Unidos

Producto de Greenbir Valley, en el oeste de Virginia, y elaborada por TAG Galyean y John Little. Se basa en una masa macerada de maíz, trigo y malta de cebada destilada cuatro veces mediante un sistema híbrido alambique/columna. La mezcla botánica parece relativamente normal para una London dry (excepto la pimienta), pero dado que es una ginebra estilo New Western (*véase* p. 138), el enebro juega un papel menor. El alcohol resultante es embotellado directamente bajo el nombre de Greenbier Gin, pero esta versión es envejecida en barricas para bourbon o en otras que previamente contuvieron el Old Scout de esta misma firma. Los ésteres dulces de la Greenbier se transforman en un área más abiertamente herbal. La madera, que tiene algo importante que decir en el proceso, aumenta el dulzor y da un toque caramelizado. Como en la mayoría de las ginebras envejecidas en barrica, destacan también los cítricos. En la lengua se aprecia un elemento ligero a maíz dulce del alcohol, mientras el roble muestra una dimensión a pino. Es dulce y bastante densa, con eucalipto, algo de roble y hierbas.

2.5	**Cóctel de ginebra:** Se vuelve muy afrutado y las notas de roble añaden su cualidad a árbol, además de algo de coco. Más influencia de la barrica.
2.5	**Gin Fizz:** Debería funcionar, pero de nuevo se produce un choque con la madera que desequilibra al limón.
3.5	**Martinez:** En nariz, alcohol con roble ligero, aunque aquí la madera aporta gancho y estilo. El marrasquino pasa a primer plano y el vermú juega un papel de respaldo. Largo con agradable toque arenoso, el final tiene un punto salado.

BOTÁNICOS

Enebro • Semillas de cilantro • Raíz de angélica • Raíz de lirio • Piel de limón • Piel de naranja • Anís estrellado • Casia • Pétalos de rosa • Más 1 ingrediente secreto • Envejecida en barricas de roble americano y francés con virutas añadidas

VICTORIA OAKEN GIN

45% vol. alc. Canadá

El equipo de Victoria Spirits en Vancouver Island (*véase también* p. 134) adoptó un enfoque ligeramente distinto para incorporar notas de madera en su Oaken Gin. Se emplea una combinación de barricas pequeñas a las que se añaden virutas. Esto incrementa significativamente el contacto de la ginebra con la madera, acelerando la extracción. La ginebra es más amplia y más suave. No hay pérdida de influencia botánica –sigue siendo claramente una ginebra–, pero hay un nuevo toque a vainilla que ha sido absorbida, aunque no en detrimento del pino y la calidez cítrica de enebro y cilantro. En boca se desplaza hacia el anís, con nuez moscada y canela molidas. Con agua las cosas se tranquilizan, pero también se vuelven más cremosas, con coco y un elemento quemado.

3.5	**Cóctel de ginebra:** Fresco y más cítrico, los amargos añaden un punto perfumado que recuerda al clavo. Rica y con buen equilibrio.
X	**Gin Fizz:** Una gaseosa de vainilla con una pizca de anís. Un poco raro.
3.5	**Martinez:** Gran impulso botánico, que nos traslada al reino de los antiguos remedios para la tos con un montón de huesos de cereza. Rico y bastante dulce. Probar como Turf Club para percibir la influencia de la ginebra.

BOTÁNICOS

Enebro • Semillas de cilantro • Piel de limón • Piel de naranja • Semillas de angélica • Raíz de lirio • Semillas de hinojo • Azafrán

BOUDIER SAFFRON GIN

40% vol. alc. Francia

Gabriel Boudier es una antigua firma de licores con sede en Dijon, fundada en 1874 y dirigida por la familia Battault. Hasta 2008 era más conocida por su *créme de cassis,* una presencia constante detrás de las barras de los bares. Entonces, llegó la ginebra Saffron. Jean Battault, que no quería producir una London dry inglesa en Francia, dejó vagar su imaginación. En su opinión, existía un acuerdo natural entre el enebro y el azafrán, respaldado por el hecho de que en el archivo de la empresa había una receta para una ginebra con azafrán. Puede que hoy sea un ingrediente inusual, pero fue vital en el *usquebaugh* escocés e irlandés desde el siglo XVII. En el siglo XIX había una versión francesa conocida como *scubac,* que podría ser la original de Boudier, pero ellos no lo confirman.

El color resplandece (el azafrán se añade tras la destilación) y nos desplaza casi a los días de las lámparas fosforescentes de lava de la década de 1970. Está presente el elemento meloso del azafrán, pero no resulta abrumador; todavía podemos apreciar enebro, limón y cilantro. En boca es seca, con un pequeño impulso de naranja, un toque de violeta, algo de menta y un punto floral. De hecho, su estructura es bastante clásica y el azafrán sólo surge al final. ¿Es una ginebra con sabor añadido? No al modo de las ginebras frutales, pero ¿dónde la ponemos?

4.5 **Con tónica:** Funciona muy bien. Mayor dilución extrae cilantro, azafrán, cáscaras peladas, gominolas y enebro. El azafrán da cuerpo a un agradable sabor en boca, que pasa a naranja cocinada. Resulta corta, pero es un aperitivo bueno y original.

X **Gin Fizz:** No funciona.

BOTÁNICOS

Enebro • Semillas de cilantro • Piel de cítricos • Raíz de angélica • Raíz de lirio • Más infusión con cardo de leche, brezo y frambuesas de Perthshire

EDINBURGH GIN'S RASPBERRY LIQUEUR

20% vol. alc. Escocia

Escocia es uno de los productores de frutos de baya en Europa, siendo las frambuesas el cultivo más importante. Así que no sorprende que cuando Alex Nicol pensó en añadir una ginebra de fruta a su surtido (*véase* p. 81) se dirigiera a Perthshire y empezara a recolectar. Las bayas se maceran con la ginebra Edinburgh estándar y una prudente cantidad de azúcar de caña, y se dejan madurar. Es inmensa y dulce, recuerda una mermelada casera de frambuesas. La ginebra que hay detrás ofrece un toque de pimienta (sé que normalmente se añade a las fresas, pero en este caso funciona) y un poco de enebro; como tiene un elemento de hoja de frambueso es una combinación ideal. El efecto es muy decadente si se toma sola, y la mayoría de la gente lo hace. En boca empieza siendo refrescantemente semiseca, vibrante de fruta y no demasiado alcohólica. La dulzura reaparece al final, lo que la hace levemente empalagosa, pero el frío ayuda.

4.5 **Con tónica:** La convierte en una bebida veraniega muy agradable. La tónica reduce la dulzura, mientras los frutos muestran cierta acidez, que aumenta la animación general.

4.5 **Gin Fizz:** Funciona muy bien, de hecho, con suficiente dulzor. Las frambuesas rebosan, el limón añade acidez y no puedo dejar de pensar en la canción de Joni Mitchell, *The hissing of summer lawns.*

BOTÁNICOS

No figuran, pero incluye ciruelas damascenas de Herefordshire

FOXDENTON DAMSON GIN

18,5% vol. alc. Inglaterra

Nicholas Radclyffe dirige Foxdenton Estate, que ha pertenecido a la familia Rasclyffe desde 1367. Como numerosas propiedades en el campo, ha sido durante mucho tiempo un centro de caza y pesca. Y ¿qué puede ser más estimulante en una jornada de cacería que un reconfortante sorbo de una petaca con ginebra de fruta? Lo que empezó como una especialidad casera para los invitados se ha convertido en otra fuente de ingresos para Nicholas. Además de un surtido de licores de frutas hay una ginebra (hecha por Charles Maxwell en Thames Distillers; *véanse también* pp. 79, 82, 84, 93 y 105) y una gama de ginebras frutales. La ginebra estándar es una correcta London dry, pero donde la finca se lleva la palma de la originalidad es en las ginebras frutales. En palabras de Nicholas, obtiene las ciruelas «de una señora encantadora de Herefordshire que las cultiva en los caminos rurales de su granja». Tiene algo de tarta de ciruelas hecha en casa; posee densidad, profundidad y el toque ligeramente agrio-ácido que le impide ser esencia de fruta y azúcar. El enebro se funde en un aroma antiguo y misterioso y en boca demuestra que no es excesivo; la acidez de la fruta le aporta equilibrio. Esta ginebra frutal madura es muy recomendable, tengamos o no una escopeta en las manos.

5* **Con tónica:** El relleno del pastel se extiende sobre la masa. Una ginebra de fruta clásica, madura, dulce/semiseca bien controlada en boca. La tónica sólo aporta efervescencia. Es sorprendente en un Wibble (*véase* p. 192). Para todo el año.

5 **Gin Fizz:** Rico y profundo con un color magnífico. Retiene la riqueza, el limón se limita a ofrecer un contrapunto para los frutos rojos. Una buena bebida.

BOTÁNICOS

No figuran, pero se sabe que incluyen: Enebro • Cardamomo • Semillas de cilantro • Más endrinas silvestres recolectadas a mano

BRAMLEY AND GAGE ORGANIC SLOE GIN

26% vol. alc. Inglaterra

Echémosle la culpa al determinismo nominativo. O sea, tienes un apellido que parece predestinarte para una profesión. Si uno se llama Edward Bramley Kain o Penelope Gage, sólo hay un negocio en el que estar: cultivo de frutales. El equipo de marido y mujer empezó a hacer licores de frutas en su cocina de Devon en la década de 1980. La ginebra de endrinas –el clásico licor inglés de frutas, aunque la gente no piense nunca en él de esa manera– no estaba lejos. La siguiente generación de Kain está hoy a cargo de un negocio considerablemente más grande, pero con los mismos principios: usar frutos enteros cultivados en Gran Bretaña sin restos de conservantes ni colorantes. La ginebra de endrino orgánico, por ejemplo, sólo utiliza frutos recolectados en los setos y presenta una proporción endrina-ginebra más alta que la Brambley & Gage estándar (*véase* p. 59). La base de esta ginebra es un secreto, pero lo más probable es que esté próxima botánicamente a la 6 O'clock. Es de un color más claro y no tan dulce como otras, lo que permite que aflore el intenso carácter del endrino con cereza, violeta y ese punto a bayas silvestres. A mitad de camino golpea con gran cantidad de lavanda y enebro, incluso una pizca de angélica; dulce-amarga al estilo clásico.

4.5	**Con tónica:** El refresco acentúa esa acidez y hace la combinación menos dulce y casi paradójicamente más potente, ya que la ginebra empieza a mostrar sus cartas. Conserva su esencia dulce-amarga.
3.5	**Gin Fizz:** Nos movemos en un terreno algo menos seguro, porque las endrinas y el limón no se entienden demasiado bien.

BOTÁNICOS

Enebro • Semillas de cilantro • Raíz de angélica • Raíz de regaliz • Raíz de lirio • Almendra • Corteza de casia • Canela • Piel de naranja de Sevilla • Piel de limón • Más endrinas silvestres

SIPSMITH SLOE GIN 29% Inglaterra

Como cabría esperar de un destilador que ha explorado la historia y las tradiciones de la ginebra, no fue una gran sorpresa que Jared Brown haya creado una frutal con una graduación casi un 10 por 100 más alta que la mayoría. El efecto no la hace más espirituosa en ningún aspecto, más bien añade un elegante, rico... una victoriana riqueza aterciopelada en nariz, me atrevería a decir. Las endrinas silvestres se maceran en la London dry de Sipsmith (*véase* p. 107) y endulzan poco. Matiz carmesí, con toques de grosella negra, cereza negra y luego un punto de pino y alguna especia dulce en nariz. La textura de la ginebra añade peso en boca donde muestra niveles grandes de fruta con un emocionante lado oscuro, dulce-amargo, que coquetea con el deseo de convertirse en compota y se esfuma antes de ser demasiado empalagoso. Denso y con madera, como algo que sorberíamos nerviosos mientras entramos en un bosque encantado para rescatar a Caperucita Roja. En otras palabras, compleja.

5 **Con tónica:** Rica, larga y otoñal. En boca es opulenta y como la fruta desaparece justo antes del final, muestra algunas raíces propias de la ginebra.

5 **Gin Fizz:** Un montón de bayas con una dulzura agradable al comienzo, luego se vuelve emocionantemente agrio. Después, estos elementos se eliminan uno a otro. Una bebida muy adulta.

BOTÁNICOS

Enebro • Semillas de cilantro • Manzanilla • Flor de saúco • Pieles de cítricos • Jengibre azul tailandés • Canela • Raíz de lirio • Bayas de saúco • Más ciruelas de playa

GREENHOOK GINSMITHS BEACH PLUM GIN LIQUEUR

30% vol. alc. Estados Unidos

Muchos de los destiladores actuales comparten la misma mentalidad que barmans y chefs. Cuando buscan sabores comienzan por su entorno inmediato y miran qué pueden recolectar. Lo local es importante para la casa Greenhook Ginsmiths de Brooklyn, así que cuando decidieron hacer una ginebra frutal pensaron en el equivalente neoyorquino de las amargas bayas del endrino. Lo encontraron en *Prunus maritima,* las pequeñas drupas amargas que crecen, en su mayor parte en estado salvaje, a lo largo de la costa noroeste de Estados Unidos. Las ciruelas son pequeñas y difíciles de conseguir, pero encontraron una fuente en Long Island. Los frutos son macerados en la ginebra de la casa (*véase* p. 143). Los frutos añaden un intrigante punto, casi medicinal, que nos retrotrae a los antiguos remedios, antes de adoptar el amargo sabor a mazapán de los huesos. Hay un toque justo de ginebra y el enebro demuestra ser el principal aliado de las ciruelas. Parece contraerse un poco en el centro y tal vez le vendría bien un poco más de azúcar para equilibrar, pero es una cuestión menor.

X — **Con tónica:** Cítrica al comienzo, pero las notas de los frutos desaparecen y termina resultando un poco corto.

3.5 — **Gin Fizz:** Mejor, pero todavía hay una ligera separación entre el alcohol, los frutos y el limón. Más azúcar contribuye a añadir peso y duración.

BOTÁNICOS

No figuran • Envejecida en roble americano

FILLIERS 1992 VINTAGE GRAANJENEVER, PRIMERA EXTRACCIÓN 43% vol. alc. Bélgica

Filliers, especialista belga en *jenever* (como se denomina en Bélgica), fue fundada en 1792 por el granjero Karel Lodewijk Filliers y desde entonces pertenece a la familia. Su moderna destilería, que abrió en 2006, produce ginebra para la marca familiar y para otros en Bélgica y Holanda. Aunque a la firma no le gusta enseñar sus cartas, se sabe que esta ginebra 100 por 100 de grano tiene un alto contenido en centeno. Además, ha envejecido durante una década en roble americano. En nariz se aprecia más el cereal que la madera, con notas a pan de centeno fresco, especiado dulce y un toque de vainilla, antes de que surjan los botánicos ligeros limón, manzana, flores y un matiz mantecoso. Es una cosa compleja. En boca se impone más el destilado que la barrica, con una acidez picante de limón. Necesita una gota de agua para ampliar las notas de centeno e impulsar la sedosa textura.

5	**Cóctel de ginebra:** Me transporta a la antigua Nueva Ámsterdam. Más refinado quizá que en el siglo XIX, la época del barman pionero Jerry Thomas (*véase* p. 26), pero igual de peligroso. Nunca basta con uno.
3.5	**Gin Fizz:** La acidez experimentada cuando se toma sola resulta aquí ligeramente contraproducente. Fresca y con un sabor picante.
4	**Martinez:** Incluso con las proporciones de un Turf Club sigue siendo muy dulce, aunque las especias finales lo mejoran. Tiene que estar frío, frío, frío.

BOTÁNICOS

Enebro

BOLS GENEVER 42% vol. alc. Holanda

La familia Bulsius formó parte del éxodo de protestantes flamencos del siglo XVI. Llegaron a Ámsterdam en 1575, empezaron a destilar y cambiaron su nombre por el de Bols (*véanse* pp. 12-13). El primer registro de una compra de enebro fue de Pieter Bols en 1644. En el siglo XVII, los vínculos de Bols con la Compañía Holandesa de las Indias Orientales convirtieron la firma en especialista en licores de especias, además de en ginebra. En 1842, el entonces propietario de la empresa Gabriël Theodorus van't Wout reunió las recetas en su *Distillateurs-en Liqueurbereiders Handboek door een oude patroon van't Lootsje* [*Libro de destiladores y fabricantes de licores por un antiguo patrón de «El pequeño cobertizo»* (Nombre de la destilería original de Bols, 't Lootsje)], que se encuentra en el archivo de Bols. Una de las fórmulas, de 1820, es la de este estilo de *genever.* Lanzada en 2008, fue el comienzo de la estrategia de Bols consistente en pedir cócteles para la ginebra. Contiene una mezcla de más de un 50 por 100 de vino de malta y un destilado de enebro, y no se deja envejecer. Limpia y brillante, presenta un ligero matiz de nueces con toques florales de centeno, una nota suave a residuos fermentados del grano y un punto cítrico. La influencia botánica es baja. En boca se parece a un whisky dulce recién hecho, con un centro perfumado donde acecha el enebro. Levemente oleosa, con un agradable especiado al final.

4	**Cóctel de ginebra:** Los amargos añaden su exotismo parecido al clavo a todas esas notas verdes y florales de primavera. Un combinado sencillo, pero bueno.
4	**Gin Fizz:** La ginebra se comporta bien en este caso, añade un nivel de suavidad con un punto herbal a lo que pretende ser (y es) un sutil y sorprendente combinado.
3.5	**Martinez:** El vermú choca un poco en este caso, así que yo utilizaría las proporciones de un Turf Club, que añaden una riqueza terrosa. Los amargos aportan un equilibrio necesario.

BOTÁNICOS

No figuran

BOLS ZEER OUDE

35% vol. alc. Holanda

En este caso *oude* no significa una *genever* añeja sino una hecha al viejo estilo, lo que ayuda a diferenciarla de la joven y neutra *(jonge)*, que comenzó a elaborarse en la década de 1920. El ligerísimo tinte amarillo demuestra que ha estado en una barrica o, más probablemente, que se ha añadido caramelo.

Es ligera y bastante dulce en nariz, con cítricos delicados y un toque de pan recién horneado. Hace falta agua para extraer la totalidad del aroma y también para desplegar el sabor, que alcanza un frescor especiado. Los botánicos son suaves, pero en la ginebra holandesa sirven de soporte en lugar de desempeñar un papel predominante. En boca posee una acidez limpia y bastante cítrica, que equilibra la riqueza del alcohol. Al final hay un montón de especias con algunas bayas, que se inclinan hacia la frambuesa, y al final del todo una nota de centeno. Parece delicada, pero tiene cierto carácter.

3.5	**Cóctel de ginebra:** Aquí se aprecia más carácter especiado con la adición de amargos ricos en clavo. Semiseco, para relamerse.
4.5	**Gin Fizz:** Ligeramente más dulce, de nuevo el limón y la ginebra colaboran. Un poco corto en boca, pero compensa en nariz. En su momento (si no nos lo bebemos antes) se expande con un toque mantecoso especiado.
4	**Martinez:** Sabroso, con fruta, especias y nueces burbujeando juntas. Limpia y cítrica, un combinado con buen cuerpo.

BOTÁNICOS

Enebro ... Lúpulo • Clavo • Anís • Raíz de regaliz • Jengibre • Más 1 ingrediente secreto • Envejecida 18 meses en barricas de roble francés de Limousin

BOLS BARREL AGED

42% vol. alc. Holanda

La receta actual de Bols para el vino de malta consiste en una base, destilada tres veces, de idénticas cantidades de maíz, centeno y trigo con una graduación alcohólica del 47%. Luego se mezcla con destilado botánico neutro con base de grano y un destilado de enebro en vino de malta. La Barrel Aged (50 por 100 de vino de malta) fue lanzada en 2011 y es una receta de 1883. Envejecida en roble francés durante 18 meses, da una idea de lo que la base de la *genever* para cócteles debería haber sido. De color amarillo pajizo, tiene una nota dulce, malteada, casi de miel de caña con delicadas especias (nuez moscada, semillas de anís), diente de león y masa. En boca es sedosa y rica, con melocotón blanco al inicio, luego un pequeño punto de roble y un toque de especia al final. Necesita agua, además de tiempo en el vaso.

4	**Cóctel de ginebra:** Es extraordinario cómo la incorporación de algo tan simple puede cambiar una bebida. Más amplia, aunque suave y más compleja, con pimienta de Jamaica y clavo.
4	**Gin Fizz:** La dulzura funciona aquí junto con el limón. Cierta complejidad. Un combinado limpio y muy bebible.
5	**Martinez:** Situémonos en un bar del siglo XIX tenuemente iluminado. Ligero amargor con la dulzura justa. Mejor como Turf Club. Elegante es la palabra.

BOTÁNICOS

Enebro • Raíz de regaliz • Anís • Envejecida en roble nuevo americano

ZUIDAM SINGLE BARREL ZEER OUDE, DE 3 AÑOS

38% vol. alc. Holanda

El enfoque de Patrick van Zuidam de la ginebra holandesa consiste en emplear primero una densa masa, que se fermenta un mínimo de cinco días con levaduras seleccionadas. La destilación se lleva a cabo en alambiques Holstein, cuyas bases se apoyan en agua, lo que previene que se queme el contenido. Es la combinación de tiempo, levadura y reflujo la que ayuda a obtener las notas más ligeras y elegantes del vino de malta, que representa el 50 por 100 de esta *genever.* Envejece en barriles nuevos de roble americano, lo que tiene un impacto importante en nariz. Hay un montón de cremosa vainilla/*clotted cream* (nata con más del 60 por 100 de grasa), notas suaves de plátano, clavo, pera cocida y algunas bayas. En una cata a ciegas uno diría que es whisky canadiense. Sólo el matiz de los botánicos en el final de boca apunta a otra cosa. Puede que sea exagerada para los puristas de la ginebra holandesa, pero todas las categorías necesitan gente que transgreda los límites. Como mejor está es con una gota de agua o un cubito de hielo.

X	**Cóctel de ginebra:** Para ser honesto, aquí cambia un poco, ya que la influencia de la madera es muy fuerte. Con los amargos cobra un poco más de estructura, pero realmente es la misma bebida.
X	**Gin Fizz:** Otra vez la inmensa presencia de la barrica y la madera en medio.
X	**Martinez:** De nuevo entre toneles. Mejor que las otras dos combinaciones, pero no es un gran cóctel. No obstante, es una ginebra que hay que probar.

BOTÁNICOS

Enebro • Raíz de regaliz • Anís, pero una cantidad increíblemente pequeña

ZUIDAM ROGGE 35% vol. alc.

Holanda

Rogge es el término holandés para centeno, que era el grano de base original para la *genever,* lo mismo que para el whisky norteamericano. Cierta cantidad del centeno de Zuidam procede de la cercana Groningen, donde ha sido plantado como parte de un plan de conservación del escribano hortelano (una pequeña ave muy querida por los gastrónomos franceses que ahora está amenazada), y como todos los cereales de la empresa, es molido en molinos de viento. Es limpia con ligeras notas a masa fermentada (el vínculo entre pan y ginebra holandesa es constante) suavizadas por el roble, que aquí tiene una agradable influencia. Especias ligeras, limón, algo de menta seca y tenue salvia. Posee auténtica complejidad y vivacidad. El agua añade elegancia a esta interconexión dulce/especiada, con bollos de especias de nuevo. En boca es limpia, seca y con una sensación crujiente que evoluciona hacia el clavo. El agua extrae más peso al alcohol. Excelente.

5*	**Cóctel de ginebra:** Una dimensión extra gracias a los amargos, que se suman a los niveles de complejidad. La sombra de Jerry Thomas (véase p. 26) alarga la mano en busca de una botella.
3.5	**Gin Fizz:** Añade un poco de contención a la mezcla con un montón de pimienta. Una bebida fresca y limpia.
4	**Martinez:** Seco y especiado, con limpias notas de centeno a través del vermú que avanzan en boca. Excelente peso. El equilibrio de la mezcla muestra un aspecto elegante de la naturaleza indisciplinada del centeno.

BOTÁNICOS

Enebro • Raíz de regaliz • Anís • Envejecida en roble americano nuevo

ZUIDAM OUDE, SINGLE CASK 10 AÑOS 38% vol. alc. Holanda

En la década de 1950, Fred van Zudiam era uno de los destiladores de deKuyper y fue testigo de primera mano del rápido declive de la industria de la *genever*. A pesar del cierre de destilerías, el descenso de las ventas y una generación joven que daba la espalda al alcohol, él creía que la gente volvería a la ginebra holandesa, en especial a la añeja. El hecho de que la destilería familiar se haya expandido sustancialmente demuestra que su corazonada se cumplió. Su hijo Patrick, que no sólo es un experto en destilación sino también en madera, ha abierto la puerta a una nueva gama de sabores de la ginebra gracias a su política de barricas, que incluye las que antes contuvieron jerez y las nuevas de roble. La madera es un participante activo en muchas de sus ginebras, no sólo una nota de fondo. Esta en concreto ha pasado una década en una barrica de roble americano y destacan sus notas de vainilla, junto a malta, hierbas silvestres, manzana silvestre, alerce, pan negro de centeno, especias mezcladas y agua de coco. Amplia, aterciopelada y dulce, con un montón de chocolate blanco y barras Bounty en boca. Es ginebra holandesa, pero no la que conocíamos.

X	**Cóctel de ginebra:** Domina el coco. Yo la tomaría sola o con hielo.
X	**Gin Fizz:** Lo mismo ocurre en este caso.
3.5	**Martinez/Turf Club:** No tenía muchas esperanzas, pero en nariz resulta fantástico. El azúcar y el coco trabajan juntos mientras los amargos sobrevuelan felices. Es una bebida contundente, que aún funciona mejor como un Boulevardier.

BOTÁNICOS

No figuran • Envejecida en roble americano

FILLIERS OUDE GRAANJENEVER, 8 AÑOS

50% vol. alc. Bélgica

Las ginebras de Filliers (*véase también* p. 170) llevan una base de trigo y maíz, a la que se añade cebada malteada por sus enzimas. Aunque la familia no divulga sus técnicas de destilación (o mezclas botánicas) se puede decir por el nombre que esta ginebra está elaborada al estilo del siglo XIX, con alcohol de grano (el significado de *graan*), que a su vez indica que no se ha utilizado alcohol de ingredientes básicos como la remolacha azucarera. Tanto el vino de malta como el destilado de enebro se envejecen en barricas de roble americano durante un mínimo de ocho años. Es relativamente fuerte para una *jenever,* pero resulta redonda y suave, con especias horneadas y una limpia y rica influencia del vino de malta, que le da un toque untuoso, casi de levadura, en nariz. En boca muestra una riqueza clásica, con algunas bayas al comienzo y la solidez del centeno en el centro. Los botánicos son agradables y ligeros. Ofrece una cremosidad extra cuando se le añade agua. Evoluciona bien en el vaso.

3.5	**Cóctel de ginebra:** Cuidado aquí con los amargos. Bastante herbal con una ligera terrosidad.
3	**Gin Fizz:** Limpio, con algo de levadura y peso, pero la madera provoca un conflicto.
5	**Martinez:** Resulta condenadamente bueno si se prepara con las proporciones de un Turf Club. Amplio, rico y profundo, un combinado decadente.

BOTÁNICOS

Incluyen: Enebro • Anís • Jengibre • Lúpulo • Raíz de angélica • Raíz de regaliz • Más 1 ingrediente secreto • Envejecida en barricas de roble francés y americano

BOLS CORENWYN

38% vol. alc. Holanda

Corenwyn (Bols es el único destilador que puede utilizar esta denominación) es una *genever* que contiene un mínimo de un 51 por 100 de vino de malta, aunque los destiladores normalmente tienen mucho más. También se pueden añadir hasta 20 gramos de azúcar por litro. En el caso de Bols, el contenido en vino de malta es elevado y procede de su masa estándar destilada una vez en columna y dos en alambique. Luego reposa en barrica entre dos y diez años, lo que ofrece una amplia gama de bases de partida. La mezcla se completa con un destilado de enebro y botánicos. De color dorado, tiene más energía que la Barrel Aged (*véase* p. 173) y muestra más carácter de cereal fresco. Los botánicos son muy sutiles, ligeramente verdes y con un toque a limón. La riqueza del aroma sugiere que se han empleado algunas bases antiguas. Con agua se vuelve más fragante y compleja, con frutos de seto, limón, harina y una sólida cualidad en el centro, antes de que una mezcla especiada, que recuerda al comino y el cilantro, aparezca al final de boca.

5	**Cóctel de ginebra:** Los amargos aportan un verdadero impulso. En boca es limpio y bastante ligero, con especias y auténtica frescura. Un aperitivo sofisticado.
X	**Gin Fizz:** La madera entra en juego y se da de cabezazos con el limón, lo que desequilibra un poco la mezcla.
4	**Martinez:** Herbal y muy botánico, el vermú tiene una presencia sustancial, pero la ginebra se impone. Tiene un buen impacto y la yuxtaposición amargo-dulce funciona bien. Cierta complejidad.

Enebro • Raíz de regaliz • Anís • Envejecida en barricas de vino de jerez oloroso

ZUIDAM KORENWIJN 1999

38% vol. alc. Holanda

Todas las ginebras de Zuidam (*véanse también* pp. 174-176) tienen como base una masa de cebada malteada, maíz y centeno que experimenta una larga fermentación a temperatura controlada (una semana en el caso de la Korenwijn) y luego es destilada tres veces en un alambique Holstein. Un porcentaje de este vino de malta se vuelve a destilar con botánicos, se mezcla de nuevo con el destilado original, algún alcohol neutro de grano y se mete en barrica. Tiene un alto contenido en vino de malta y, algo inusual para una *genever,* ha pasado una década madurando en dos toneles de jerez oloroso. Esto aporta notas clásicas de pastel navideño, un ligero toque a nueces, un poco de vainilla y algo de jengibre. El alcohol es muy puro, denso en boca, casi parece sirope con ligeros taninos de la barrica. Para terminar hay especias y pasas sultanas.

4	**Cóctel de ginebra:** Las barricas de jerez suelen rechazar a todos los huéspedes, pero aquí la ginebra mantiene bien el tipo mientras los amargos añaden una intensa nota alta.
X	**Gin Fizz:** ¿Limón y jerez? A mí me parece que no.
3.5	**Martinez/Turf Club:** Los amargos son los principales impulsores de un combinado largo y dulce. Es ligeramente extraño y curiosamente apetecible. Tampoco funciona mal como un Boulevardier. Probablemente es más fácil de saborear sola.

BOTÁNICOS

Enebro • Más otros 15

HERZOG G.I.N. 40% vol. alc. Austria

Siegfried Herzog pertenece a la última generación de la familia Herzog, destiladores en una propiedad de 400 años de antigüedad en la localidad austriaca de Saalfelden. La firma se había construido una buena reputación por sus *schnapps* de frutas, pero recientemente ha empezado a ramificarse en otros espirituosos, como la ginebra. No es una *genever,* estrictamente hablando, pero en lo referente al sabor y su adecuación en combinados se comporta considerablemente mejor cuando es tratada como una ginebra holandesa en lugar de una *dry gin,* por lo que ha acabado en esta sección. A medida que amplíen sus competencias, estas nuevas ginebras intermedias crecerán en número, lo que sólo puede ser bueno. En nariz ofrece algunas notas de torno de alfarero, luego raíces robustas, pimienta de Jamaica, macis, clavo y, en su momento, enebro. El alcohol es bastante untuoso y malteado, lo que la coloca en el terreno de las *hollands.* En boca es suave, con algo de semillas de hinojo y una nota lechosa agazapada detrás del enebro, antes de que se adelanten las especias. Se seca para convertirse en genciana.

3.5 **Cóctel de ginebra:** Buen alcohol, que funciona bien con el punto tropical de los amargos. Cierta dulzura combina con el peso como de nueces del alcohol. Ligera lavanda al final.

3.5 **Gin Fizz:** Sigue siendo una base bastante malteada, pero con una correcta expansión con clavo, anís y luego limón. Una correcta bebida corta.

3.5 **Martinez:** Aún ligeramente malteada, lo que no es obligatoriamente mala cosa, ya que esas nueces añaden una nota seca y un elemento de textura. Limpio y equilibrado.

BOTÁNICOS

Enebro • Lúpulo • Envejecida en barricas de roble americano durante 3 meses

CHIEF GOWANUS 44% vol. alc.

Estados Unidos

Una empresa conjunta del mandamás de New York Distilling Company, Allen Katz (*véase también* p. 142), y el escritor David Wondrich (*véase* p. 155). Se trata de una recreación del tipo de ginebra que los colonos holandeses habrían fabricado. El nombre procede del jefe de la tribu de los lenape (los «indios canarsie»), nativos americanos a los que los holandeses compraron lo que luego sería Brooklyn. Es también nombre del canal que recorre la zona y que tiene fama de ser uno de los más contaminados cursos de agua de Estados Unidos. La receta, que fue descubierta por Wondrich en el libro de 1809 *The Practical Distiller,* de Samuel McHarry, redestila un whisky de centeno con enebro y lúpulo. Luego reposa tres meses para reproducir el lapso de tiempo que habría costado transportar la ginebra desde la destilería al punto de venta en aquellos días. En nariz es fresca, limpia y domina el centeno, con un punto acido a limón que podría ser del alcohol o del lúpulo. El efecto es como pasear a través de un pinar en invierno. Un poco antiséptica, las notas de pimienta de Jamaica conducen a la dulzura antes de que surja la acidez picante del centeno. El final es tan fresco como una calada de cigarrillo mentolado.

3.5	**Cóctel de ginebra:** Los amargos añaden notas altas y nos pillan desprevenidos. Hace falta un poco más de azúcar de lo normal para equilibrar.
3.5	**Gin Fizz:** Dejar que se diluya un poco en el vaso en vez de consumir de inmediato. Eso evita que golpee fuerte y permite que se desarrolle algo de suavidad en el medio.
4	**Martinez/Turf Club:** El aroma es como un bollo de centeno y pasas. Muy especiado, funciona bien con cualquiera de los cócteles de ginebra de finales del siglo XIX.

CÓCTELES

El mundo de los combinados se puede dividir en dos eras: antes del vodka y después del vodka. Cuando uno empieza a indagar en viejos libros de cócteles de finales del siglo XIX y principios del siglo XX se hace una idea de lo importante que era la ginebra en esos días anteriores al vodka. Ya fuera *genever,* Old Tom o *dry gin,* era el licor elegido si se quería añadir un alcohol blanco a una bebida.

Se podría decir que los cócteles hicieron a la ginebra y la ginebra hizo los cócteles. Pensemos en esto un segundo. ¿Qué otro licor puede imbuir a un combinado de tanto atractivo y amplitud aromática? La ginebra es la piedra angular de los combinados. ¡Nos da el Martini y el Negroni, por amor de Dios! Por eso me resultaba difícil hacer una selección de los mejores clásicos. Si nos despierta interés, hay un montón de libros que merecen la pena en la bibliografía para satisfacer nuestros deseos mixológicos.

Sin embargo, no se trata sólo de un trabajo de archivo. Es igual de complicado elegir entre las modernas propuestas con ginebra que los mejores barmans difunden amablemente. Si buscamos una prueba del renacimiento de la ginebra no hace falta ir más lejos.

MARTINI

El Martini no es sólo una bebida. Es un marcador cultural, un rito de paso, un arma. Su vida comenzó (probablemente) a finales de la década de 1880 como una variante del Martinez, pero nadie sabe quién lo preparó primero, dónde o cuándo. Para el historiador del cóctel David Wondrich, su nacimiento es «confuso y contradictorio», como la mayoría de la gente después de un par de martinis endiabladamente potentes de Alessandro Palazzi en el bar del hotel Dukes de Londres.

Lo que empezó como una división democrática entre vermú seco y ginebra (se usaba mucho la Old Tom), se fue volviendo poco a poco más seco a medida que avanzaba el siglo XX, de modo que en su cenit durante los años cincuenta se había transformado en un frío asesino. Fue, como señala Lowell Edmunds en su magistral estudio *Martini, Straight Up,* urbano, masculino, patricio, una bebida para un hombre de negocios. No había romances con el Martini; era el equivalente líquido de una de las rubias glaciales de Hitchcock. Paul Desmond, el saxo alto de Dave Brubeck, decía que quería que su tono sonase como un Martini seco, y lo lograba: puro, esquemático y aun así ligeramente desalmado.

A causa de estas trampas conservadoras, el Martini empezó a desaparecer desde los años 1960. Con el vodka en ascenso, se olvidó el Martini con ginebra, como si para volver a ser popular tuviera que morir y ser reinventado. El *revival* se inició en la década de 1990, primero con base de vodka y todo tipo de incorporaciones (Martini entonces era otra palabra para una bebida de alcohol blanco en una copa de cóctel), pero con el resurgir de la ginebra reapareció en su forma clásica y se volvió algo menos seco.

Si uno bebe Martini, inevitablemente se convierte en un pelmazo porque es la única persona que sabe cómo prepararlo correctamente. El Martini es el más personal de los cócteles. Te distancia del mundo. Es una bebida para solitarios. No es el barman el que prepara el Martini, sino el cliente. ¿Qué ginebra? ¿Qué vermú? ¿Qué proporciones? ¿Cáscara de limón, aceituna, cebollita o un golpe de salmuera para que las cosas sean más turbias? Todo lo que hace el camarero es tener a mano los ingredientes y esperar nuestras instrucciones.

RECETA

ginebra seca

vermú seco

corteza de limón, para decorar

Verter los ingredientes sobre hielo y colar en una copa de cóctel helada. Adornar con una corteza de limón.

VARIACIONES

Estos son algunos precursores del clásico Martini con ginebra

BRADFORD À LA MARTINI

½ copa de vino de Old Tom
½ copa de vino de vermú
3 o 4 golpes de bíter de naranja
la piel de 1 limón
1 aceituna de tamaño medio, para decorar

Revolver todos los ingredientes, incluida la piel de limón sobre hielo, y colar en una copa de cóctel helada. Adornar con una aceituna.

De *Bartenders' Manuel,* de Harry Johnson, 1888.

MARGUERITE

ginebra Plymouth (*véase* p. 104)
vermú francés
un golpe de bíter de naranja

Echar todos los ingredientes sobre hielo y filtrar en una copa de cóctel enfriada.

De *Fancy Drinks and How to Mix Them,* de Thomas Stuart, 1896.

NEGRONI

La cosa fue así. En los años 1920 un tipo llamado conde Camillo Negroni entró en el bar Casoni de Florencia a la hora del aperitivo. Antes de seguir, insistamos en el hecho de que la cultura italiana está tan avanzada que se ha instaurado una hora en la que tomar un tipo específico de bebida que nos relaje tras la jornada de trabajo y despierte el apetito. Esto significa que ha de tener frescura, acidez y un punto amargo. Mi favorito, ya que invitan, es el Mezzo e Mezzo, elaborada con partes iguales de Nardini Rosso (un vermú de estilo amaro) y Rabarbaro (licor de ruibarbo) como se sirve en el bar de la firma junto al puente del siglo XVIII en Bassano del Grappa. En cualquier caso, el conde buscaba algo parecido y le ofrecieron un Americano: Martini Rosso y Campari a partes iguales, aligerado con soda. Por algún motivo deseaba una cosa más fuerte, así que dejó fuera la soda y la sustituyó por un chorro de ginebra. Era su bebida, así que lleva su nombre.

Para mí, el mejor es el que se toma en el Star Bar de Tokio, donde el propietario/maestro Kishi-san utiliza ginebra del congelador, la nevera y la estantería para crear una experiencia de texturas 3D en el paladar. Créanme, vale el billete de avión.

Aunque no se debería enredar con un clásico, podemos probar nuestras propias variaciones sobre el tema –distintos vermús, diferentes *amari,* ginebra envejecida en botella o envejecida en barrica–, pero sin alejarnos mucho nunca de la idea de la sagrada trinidad. Ginebra, vermú y Campari son el equivalente en licores del *soffritto* de apio, cebolla y zanahoria que constituye el corazón de la gran cocina europea.

El Negroni es más que la suma de sus partes. La ginebra aporta los aromas y puede, si se aplica la técnica del Star Bar, añadir textura extra. El Campari ofrece un elemento amargo/dulce/agrio/cítrico. El vermú abarca esos dos extremos: dulce, afrutado, amargo, con raíces y herbal. Crea puentes de sabor al estilo de Escher por toda la cabeza, bucles permanentemente invertidos, que es por lo que el equilibrio del conjunto resulta tan importante. Es el rey de los combinados.

RECETA

30 ml de ginebra
30 ml de Campari
30 ml de vermú dulce
piel de naranja, para decorar

Juntar los ingredientes en un vaso bajo lleno de hielo, remover y adornar con una piel de naranja

VARIACIONES

NEGRONI PARA PRINCIPIANTES

25 ml de ginebra Plymouth
25 ml de vermú Gancia Bianco
25 ml de Aperol
piel de pomelo rosa, para servir

Remover los ingredientes sobre hielo y filtrar en una copa helada. Frotar el borde la copa con cáscara de pomelo rosa y eliminar.

Con mi agradecimiento a Hannah Lanfear.

BELFAST BASTARD

60 ml de ginebra Tanqueray London Dry (*véase* p. 110)
15 ml de Crème de Pamplemousse Rosé Combier
15 ml de vermú Dolin Blanc
15 ml de Campari
2 golpes de bíter de naranja N.° 6 de Regan
piel de pomelo, para servir

Remover todos los ingredientes sobre hielo y filtrar en una copa helada. Exprimir la cáscara de pomelo en la superficie y eliminar.

De Jack McGarry de The Dead Rabbit Grocery and Grog, Nueva York.

Ambas recetas del libro *The Negroni,* de Gaz Regan.

JOHN (TOM) COLLINS

¿Quién sabe qué aspecto tenía el hotel Limmer's londinense en 1830? Tres décadas después, el capitán Rees Howell Gronow recordaba que era «el hotel más sucio de Londres». Por mugriento que fuera, según Gronow, el Limmer's también estaba «con frecuencia tan atestado que no se podía conseguir una cama por cantidad alguna de dinero; pero siempre podías tomar una muy buena y sencilla cena inglesa, una excelente botella de oporto y un poco del famoso ponche de ginebra». El *gin punch* había sido una creación del jefe de camareros del Limmer's en la década de 1830, un tipo llamado John Collins que era famoso por la calidad de sus tragos. El que llevaría su nombre era una bebida corta, un sencillo Gin Fizz hecho con Old Tom. El historiador del cóctel David Wondrich cree que sería similar al Garrick Gin Punch (*véase* p. 190). Era tan bueno que incluso se escribieron unos versos acerca de la bebida de Collins.

Como muchos protocócteles, este debió de empezar su vida como bebida para despejar por la mañana y curar la resaca. En palabras de Gronow, en «el tenebroso e incómodo café» del Limmer's «se podía ver a muchos ricos terratenientes que visitaban Londres durante la temporada deportiva». Hoy no tomamos mucha ginebra con el desayuno, aunque la extraña rutina de escribir un libro sobre ginebras implica que he tomado muchas a unas horas que la sociedad civilizada consideraría excesivamente tempranas. Puedo atestiguar su eficacia.

A mediados del siglo XIX, la bebida había saltado el charco hasta Estados Unidos y en la década de 1870 también había cambiado de nombre. John Collins se había convertido en Tom, quizá por la Old Tom o quizá porque lo entendieron mal. Además, fue alterada. El John Collins empezó siendo un Gin Fizz (*véase* p. 212) corto y removido. El Tom Collins utilizaba los mismos ingredientes pero se convirtió en una bebida larga, preparada sobre cubitos de hielo y agitada. Con el tiempo pasó de ser un combinado con Old Tom a uno hecho con ginebra seca. Cuando se vuelve a sus raíces en el siglo XIX y se prepara con Old Tom o con *oude genever* (*véase* p. 172) es una revelación, una mezcla rica y robusta, sin importar cómo se llame.

RECETA

50 ml de ginebra Old Tom o seca

20 ml de zumo de limón recién exprimido

25 ml de almíbar o sirope de goma (*véase* debajo)

90 ml de soda

PARA DECORAR

rodaja de naranja

cereza al marrasquino

Mezclar los 3 primeros ingredientes con hielo y filtrar en un vaso Collins lleno de hielo. Añadir la soda, remover y adornar con una rodajita de naranja y una cereza al marrasquino.

SIROPE DE ALMÍBAR

Calentar a fuego suave igual cantidad de azúcar blanca y agua hasta que el azúcar se disuelva por completo. Se le pueden dar sabores añadiendo hojas de menta, piel de cítricos y así sucesivamente. Como alternativa, comprar una botella de caramelo.

PONCHE DE GINEBRA

La ginebra llegó relativamente tarde a las poncheras. Aunque hay registros de ponche caliente con ginebra ingerido en Londres en la década de 1730, la ginebra era por entonces un licor de clase baja (*véanse* pp. 14-19). Ningún caballero amante del ponche con respeto por sí mismo se dejaba ver bebiendo de un cuenco de Mother's Ruin. Se limitaban al ron o el brandy. A finales del siglo XVIII, sin embargo, las cosas habían empezado a cambiar. La calidad de la ginebra estaba mejorando y adquiriendo cierto carácter trasgresor entre la bohemia londinense.

Por eso no sorprende que el primer Gin Punch que logró fama fuera el del Garrick Club, fundado en 1831 en el West End de Londres como lugar «que promovía un fluido intercambio entre artistas y patrocinadores», una frase que probablemente quería decir algo ligeramente diferente en la época de lo que significa ahora. El encargado era un norteamericano, Stephen Price, y fue él, según sostiene David Wondrich, el primero que mezcló ginebra, hielo y agua carbonatada en un ponche.

El hecho de que William Terrington liste ocho ponches de ginebra en su libro de 1869 *Cooling Cups and Dainty Drinks* muestra que la promoción del ponche de ginebra se había completado a mediados de siglo XIX (*véase* pp. 22-23). El sello de aprobación final fue su constante aparición en la obra de Charles Dickens (él mismo un aficionado a la ginebra nada despreciable), sobre todo en *Canción de Navidad,* donde Bob Cratchit «recogiéndose los puños de la camisa [...] preparó una mezcla caliente en una jarra con ginebra y limones, la removió repetidamente y la puso en la cocina para que cociese». Como dice Terrington:

> [...] no hay una regla precisa para hacer ponche y no hay dos personas que coincidan en las proporciones exactas de los ingredientes [...] El gran secreto es que la mezcla debe estar hecha con tanto acierto que nada predomine.

Su propia versión, por cierto, es la del Garrick con Chartreuse verde en vez de marrasquino.

El ponche de ginebra está en su salsa como una bebida veraniega refrescante y (bastante) delicada cuando la fruta y la soda están a la orden del día para refrescar el paladar, pero también funciona en invierno. Desde que los victorianos inventaron lo que ahora

RECETA

Para 6 personas

1 botella de ginebra; sugiero mezclar Portobello Road (*véase* p. 105) y Hayman's Royal Dock (*véase* p. 91)
1 botella de vino de Madeira (Malmsey)
3 clavos
una pizca de nuez moscada recién rallada
2 palitos de corteza de casia
2 cucharadas de azúcar demerara (moreno natural)
6 pieles grandes de limón y naranja
1 rodaja pequeña de naranja
3 cucharaditas de miel clara, más extra para añadir según sea necesario
el zumo de 2 limones, más extra para añadir según sea necesario

Juntar todos los ingredientes en una cazuela y calentar a fuego suave. Tapar y dejar hervir a fuego bajo 20 minutos. Probar y rectificar de miel o zumo de limón. Colar en un cuenco y servir caliente.

VARIACIÓN

GIN PUNCH À LA HEPPLE

2 partes de ginebra Hepple
1 parte de sorbete de limón y naranja de Sevilla (*véase* debajo)
1 parte de zumo de limón recién exprimido
1 parte de sirope de piña
3 partes de té verde Sencha helado
2 partes de Prosecco o champán semiseco

PARA EL SORBETE DE LIMÓN Y NARANJA
4 naranjas de Sevilla
6 limones
250 g de azúcar glas

PARA DECORAR
flores de borraja
rodajitas de limón y naranja
bastoncitos de piña

Para hacer el sorbete de limón y naranja de Sevilla, rallar la cáscara de ambos, extraer 300 ml de zumo de las naranjas y otro tanto de los limones. Mezclar la ralladura de los cítricos con el azúcar, añadir los zumos y remover hasta que se disuelva el azúcar. Calentar a fuego suave si es necesario. Colar.

Juntar los 5 primeros ingredientes y verter por encima el Prosecco o el champán semiseco. Decorar con flores de borraja, rodajitas de limón y naranja y bastoncitos de piña.

Con mi agradecimiento para Nick Strangeway, de Strangehill, Londres, que a su vez se inspiró en William Terrington.

GARRICK GIN PUNCH

Para 8 personas
1 limón (o más si hace falta para obtener 90 ml de zumo)
25 g de azúcar glas
60 ml de marrasquino
230 ml de ginebra (*oude genever* u Old Tom)
600 ml de agua (en forma líquida o como un trozo de hielo)
470 ml de soda, muy fría

Con un pelador de verduras o un cuchillo afilado, pelar el limón con cuidado de no incluir la parte amarga blanca. Colocar la piel de limón en un cuenco o ponchera. Exprimir el zumo y calcular 90 ml.

Añadir el azúcar y el marrasquino y mezclar bien. Incorporar la ginebra, el zumo de limón y el agua (o hielo), y remover bien. Rematar con la soda y servir.

Del libro de David Wondrich, *Punch.*

consideramos algo tradicional de la Navidad, es normal que los ingleses incluyan un ponche caliente de estilo dickensiano –una especie de ginebra caliente con especias– como parte de las celebraciones.

Resulta mucho más sencillo disponer de un cuenco de esta mezcla para servir que correr de un lado para otro intentando atender mil peticiones diferentes.

Si alguien se queja, podemos replicar a la manera de Fagin a Oliver: «¡Cierra el pico y bébete tu ginebra!».

BRAMBLE

Curiosas las pasadas que la memoria juega, en especial cuando anda por medio la bebida. ¿Cuántas grandes recetas se han perdido en la bruma de una experimentación a las 4 de la mañana después de terminar el turno de trabajo? Es el caso del Bramble. Lo que podemos decir es que fue creado en algún momento a finales de los años 1980 en un bar llamado Fred's del Soho londinense. Y que definitivamente fue obra de Dick Bradsell, que llevaba la batuta de dicho garito, guarida subterránea de la bohemia amante de los cócteles cuando semejante cosa todavía era, muy apropiadamente, *underground.*

Es fácil olvidar lo difícil que era conseguir un buen combinado fuera de los grandes hoteles en aquel tiempo y, dado que ninguno de los aficionados bohemios a los cócteles llevaba corbata o traje, no les servían en muchos de esos establecimientos. La respuesta fue crear locales propios. Cuando eso ocurrió, Dick se convirtió en su faro. Es uno de los escasos barmans autor de tres clásicos modernos; los otros son el Espresso Martini y el Russian Spring Punch.

Pero volvamos al Bramble. Me parece recordar que Plymouth era la ginebra que se usaba originalmente, aunque sospecho que la memoria me juega otra mala pasada... Lo cierto es que fue una época de excesos. Quizá se deba a que era la ginebra a mi alcance, o puede que esté confundiendo el Bramble con el Wibble (*véase* Variación), que por supuesto es otra de las creaciones de Dick. A este hombre habría que levantarle una estatua, una que saludase desde un sótano.

Lo importante es que funciona. Por eso es un clásico moderno. Es refrescante, pero la *crème de mûre* añade una sensual riqueza a la experiencia. Me retrotrae a largas noches y confusos sucesos sobre los que es mejor correr un velo, pero si alguna vez nos encontramos, déjenme que le cuente lo del lanzapatatas en el aeropuerto de Louisville.

RECETA

40 ml de ginebra

20 ml de zumo de limón recién exprimido

20 ml de almíbar o sirope de goma (*véase* p. 188)

20 ml de *crème de mûre* (licor de moras)

mora, para decorar

Agitar con hielo los 3 primeros ingredientes y filtrarlos en un vaso alto lleno de hielo picado. Verter la *crème de mûre* en remolino a través del hielo. Adornar con una mora.

VARIACIÓN

Para mí, el Wibble es una versión mejor, más compleja y madura del Bramble, que amplifica los elementos dulces y agrios y añade niveles a la fruta. Fue inventado por Dick cuando estaba en The Player, bar del Soho londinense. Recibió el nombre del siempre erguido Nick Blacknell, entonces director de mercadotecnia de la ginebra Plymouth. Como dijo Dick: «Haré que te tambalees, pero no te caerás».

WIBBLE

25 ml de ginebra Plymouth (*véase* p. 104)
25 ml de Plymouth Sloe Gin*
25 ml de zumo de pomelo rosa recién exprimido
10 ml de zumo de limon recién exprimido
5 ml de almíbar o sirope de goma (*véase* p. 188)
10 ml de *crème de mûre*

Agitar todo los ingredientes con hielo y colar en un vaso helado, con o sin hielo.

***Recientemente he reemplazado la Plymouth Sloe por Sipsmith Sloe Gin (*véase* p. 168) o, aún mejor, la Foxdenton Damson Gin (*véase* p. 166).**

RECETA

30 ml de ginebra Old Tom

20 ml de marrasquino

15 ml de zumo de limón recién exprimido

Agitar todos los ingredientes con hielo y filtrar en una copa para Martini helada.

AVIATION

Cuando se echa un vistazo a la receta del Aviation, uno se pregunta el motivo de tanto alboroto. Parece sencillo -quizá demasiado- del mismo modo que la selva puede estar muy tranquila antes de que el enemigo ataque. Sobre el papel, es poco más que una dosis individual y simplificada del ponche de ginebra de Garrick (*véase* p. 190). Es un Gin Sour, un Floridita Daiquiri de ginebra, y no obstante hay cierta complejidad agazapada. El truco, como ocurre siempre con las bebidas con tan pocos ingredientes, es el equilibrio. El zumo de limón tiene que ser fresco (por supuesto), el marrasquino estar justo al nivel correcto y la ginebra poseer una complejidad convenientemente receptiva.

Echemos un vistazo a la ginebra. Las recetas dicen seca, pero yo sería más concreto y me decidiría por un estilo como la Plymouth (véase p. 104). Mejor aún es la Old Tom; ya que aporta el pequeño toque de dulzura necesario; de otro modo, puede resultar demasiado agrio. Funciona de maravilla la Hayman's (*véase* p. 153), al igual que la Hammer & Son Old English (*véase* p. 152).

El marrasquino y la ginebra tienen una relación fantástica. El licor era una especialidad de Zadar, en Croacia, aunque la producción se desplazó después de la Segunda Guerra Mundial, fundamentalmente a la región del Véneto, en el noroeste de Italia. Apareció por vez primera en Gran Bretaña en la década de 1770, donde se convirtió en una bebida de culto y una de las favoritas de la aristocracia. En los días en que la gente tenía pocas cosas a su disposición, no sorprende que empezase a ser usado en combinaciones sencillas. Aunque es un licor, no resulta demasiado dulce y posee una nota terrosa -que lo vincula con la angélica y la raíz de lirio-, junto a un profundo carácter afrutado, que trae a la mente rosas, pastel de cereza (con la masa un poco quemada), heno y senderos en las colinas. Desborda y domina, pero si la dosis es la correcta nuestra bebida alzará el vuelo, lo que resulta apropiado en este caso.

Originalmente, el Aviation incluía *crème de violette* además de marrasquino, lo que le daba un matiz cerúleo y un carácter más floral. Sólo por el color sería el perfecto acompañamiento para la «hora violeta» de Ian Fleming, de no preferir un Vesper. Sea cual sea la forma que elijamos, es otro combinado de ginebra del que es difícil tomar sólo una copa.

RAMOS GIN FIZZ

RECETA

45 ml de ginebra Old Tom

3-4 gotas de agua de azahar

el zumo de ½ limón

el zumo de ½ lima

1 huevo

2 cucharaditas de nata ligera

1 cucharadita de azúcar glas

30 ml de soda

Agitar todos los ingredientes sobre hielo picado con energía, excepto la soda, durante un mínimo de 2 minutos. Debe adquirir la consistencia de la nata líquida. Colar en una copa de cóctel helada y rematar con soda.

¿Dónde estaría el mundo sin los combinados de Nueva Orleans? Sería infinitamente más pobre, aunque es probable que mantuviese la cabeza más clara. Henry C. Ramos (conocido por todos como Carl) se trasladó a Crescent City en 1888 como nuevo propietario del Imperial Cabinet Saloon, en la esquina de Gravier y Carondelet, un establecimiento que pronto sería definido como «el más famoso local de Gin Fizz del mundo» por el *Kansas City Star.* En 1907 se traslado a la Stag Tavern en Gravier y se llevó con él su bebida.

Carl Ramos era el rey del fizz, y lo preparaba de una manera diferente. Su Gin Fizz no burbujeaba exactamente, más bien se deslizaba. También llevaba tiempo prepararlo, pero según mi experiencia, la gente siempre tiene tiempo en Nueva Orleans. Tomó la receta básica (*véase* p. 212) y la engalanó con nata, clara de huevo y agua de azahar. Como resultado, dejó de ser un trago rápido y se convirtió en algo voluptuoso. Exigía tiempo, porque la clave del Gin Fizz de Ramos era la duración del agitado.

Carl tenía «agitadores» (afroamericanos), hasta seis por camarero, cuyo trabajo consistía simplemente en agitar sin descanso. Hay informes que aseguran que no dejaban de hacerlo ni adormilados; otros cuentan que cuando uno se cansaba pasaba la coctelera a su vecino, que continuaba con la tarea hasta que el combinado estaba listo. Se preguntarán cuánto era eso. Charles H. Baker (*véase* Variación) sostenía que un minuto, otros afirman que tres... o cinco... o más. Oigamos lo que tiene que decir Carl Ramos al respecto: «Agita, agita y agita, hasta que no quede una burbuja y la mezcla sea suave y blanca como la nieve, con la consistencia de una buena leche».

Hay cierto placer sádico en pedir a un atareado barman que haga la prueba de todas las opciones. Lo mismo en casa: si tenemos niños, que lo agiten por nosotros. Algún día tienen que aprender. Hay quien dice que se puede preparar en una batidora, pero me parece una broma de mal gusto.

VARIACIÓN

Charles H. Baker era un rico *dilettante* norteamericano que recorrió los mejores templos de la comida y la bebida mundiales en los años veinte y treinta. El recuerdo de sus libaciones constituye un espléndido resumen de un periodo de los cócteles olvidado. Su Gin Fizz tropical parte de los ingredientes básicos del Ramos y sustituye el azúcar por sirope de piña, el zumo de limón por el de 1 1/2 limas y emplea como decoración menta fresca. Lo probó después de atravesar los rápidos de Pagsanjan en Filipinas: «Un desfiladero rocoso de altas paredes con extraña vegetación tropical colgante, gente con monos parlanchines y coloridas aves sin nombre».

SINGAPORE SLING

La ginebra se convirtió en la bebida favorita de aquellos constructores de imperios holandeses y británicos instalados en Oriente. Si eras holandés, bebías ginebras desde el siglo XVIII, y aunque a la ginebra inglesa le llevó más tiempo librarse de su imagen de clase baja (*véase* p. 20), en el siglo XIX se había convertido en el licor ideal para saborear al anochecer en las colonias gobernadas por Gran Bretaña, un hábito que llegó hasta el siglo XX y, entre las personas sensatas, hasta hoy.

Un combinado basado en la ginebra es perfecto para esos momentos en que el sudor nos cubre la frente y nuestro traje de lino pierde su prestancia. Los mejores cócteles son deliciosa y peligrosamente apetecibles. La noche es joven y el calor ha dejado de ser opresivo. Se convierte en una sedosa sábana que acaricia la piel.

El mayor cronista de este modo de beber es Charles H. Baker (*véase* p. 197) y la bebida de ginebra que mejor lo encarna es la creada en el hotel Raffles de Singapur. Esto es lo que dice Baker a propósito del «inmortal Gin Sling del Raffles de Singapur»:

> Hay otros gin slings buenos en Asia [...] pero el del Raffles es el mejor. Cuando nuestro criado malayo de silenciosos pasos nos trajo el cuarto sling y nos encontró asomados a la ventana mirando a los encantadores de serpientes que debajo tocaban sus condenadas flautas, murmuró: «Cuidado, amo». El Singapore Sling es una cosa exquisita, insidiosa, que actúa despacio.

El problema es cómo prepararlo. Comenzó, según atestigua el historiador del cóctel Ted Haigh, como Straits Sling, pero pronto se volvió más dulce (con brandy de cerezas en lugar de kirsch) y largo, volviéndose más un cóctel prototiki (las desmesuradas mezclas con frutas y ron populares en los años cincuenta).

Como a menudo sucede con las bebidas famosas, su hogar espiritual suele acabar siendo el lugar donde peor se preparan. En época reciente, el Singapore Sling del Raffles es uno de esos casos. No obstante, Desmond Payne, el gurú de la ginebra y un hombre cuyo sitio está en la terraza de ese hotel (*véanse* pp. 64 y 157), informa en 2015 que ha vuelto a sus viejos estándares. Mister Baker lo aprobaría.

RECETA

30 ml de ginebra

30 ml de Cherry Heering

30 ml de Bénédictine

30 ml de zumo de lima recién exprimido

60 ml de soda

un golpe de Angostura

Echar los 4 primeros ingredientes en un vaso lleno de hielo, revolver y rematar con soda. Añadir el bíter.

Baker señala que «en otras partes se usa a menudo ginger ale en vez de soda, e incluso cerveza de jengibre». Su Sling lleva 2 partes de Old Tom por 1 parte de brandy de cereza y 1 parte de Bénédictine.

VARIACIONES

Consultar también el Pegu Club (*véase* p. 206).

STRAITS SLING

60 ml de ginebra
15 ml de kirschwasser
15 ml de Bénédictine
el zumo de ½ limón
2 golpes de bíter de naranja
2 golpes de Angostura
soda, para rematar
fruta al gusto, para decorar

Agitar todos los ingredientes, excepto la soda, sobre hielo. Colar en una copa de sour o una flauta de champán. Terminar con la soda y fruta de nuestra elección.

Del libro de Ted Haigh, *Vintage Spirits and Forgotten Cocktails.*

BRONX

Fue inventado por Johnnie Solon en el hotel Waldorf-Astoria de Manhattan con la llegada del siglo xx.

60 ml de ginebra

1 ½ cucharadas de vermú dulce

30 ml de zumo de naranja recién exprimido

bíter de naranja, al gusto

piel de naranja, para decorar

Agitar todos los ingredientes con hielo y colar en una copa de cóctel helada. Adornar con una piel de naranja.

CLOVER CLUB (derecha)

Otra combinación de comienzos del siglo xx (por desgracia ha caído en el olvido, probablemente por su tono rosado), cuando los combinados eran sólo para hombres de verdad, aunque vuelve a gozar del favor en estos tiempos metrosexuales.

40 ml d ginebra

15 ml de almíbar o sirope de goma (*véase* p. 188)

20 ml de zumo de limón recién exprimido

5 ml de sirope de frambuesa

5 ml de clara de huevo

Agitar todos los ingredientes con hielo y colarlos en una copa helada de cóctel.

CORPSE REVIVER N.º 2

*Como escribió Harry Craddock (*véase *p. 28) en su obra de 1930* The Savoy Cocktail Book, *«cuatro copas en rápida sucesión revivirían a un muerto». Todo el mundo está avisado.*

30 ml de ginebra

30 ml de Cointreau

30ml de vermú Lillet Blanc

30 ml de zumo de limón recién exprimido

absenta, al gusto (con moderación)

Agitar todos los ingredientes con hielo y colar en una copa helada de cóctel.

Del libro de Ted Haigh, *Vintage Spirits and Forgotten Cocktails.*

FRENCH 75 (izquierda)

Aunque en Nueva Orleans esto se prepara con coñac -oportunamente, porque recibe el nombre de un cañón francés-, siempre ha sido una combinación para ginebra.

60 ml de ginebra

30 ml de zumo de limón recién exprimido

10 ml o 2 cucharadas de almíbar o sirope de goma (*véase* p. 188)

champán, para rematar

Agitar los 3 primeros ingredientes con hielo y servirlos en un vaso Collins helado. Rematar con champán.

FORD COCKTAIL

El empleo de Old Tom demuestra que es un clásico del siglo XIX*: data de 1895.*

30 ml de ginebra Old Tom

30 ml de vermú seco

3 golpes de Bénédictine

3 golpes de bíter de naranja

una piel de naranja, para decorar

Revolver todos los ingredientes con hielo y colar en una copa de cóctel enfriada. Adornar con una piel de naranja.

Del libro de Ted Haigh, *Vintage Spirits and Forgotten Cocktails.*

ANGEL FACE MARTINI

25 ml de Tanqueray N.° Ten (*véase* p. 111)

25 ml de calvados

25 ml de licor de albaricoque

piel de naranja, para decorar

Remover todos los ingredientes juntos y servir en una copa helada, adornada con una piel de naranja.

De Barrie Wilson, embajador global de la marca de ginebra Tanqueray.

FAIRBANK COCKTAIL

Apareció por vez primera en 1922, en el ABC of Mixing Cocktails, *de Harry MacElhone. Recibe este nombre por el actor de aventuras de capa y espada Douglas Fairbanks.*

50 ml de ginebra

20 ml de vermú seco

2 golpes de bíter de naranja

2 golpes de *crème de noyaux*

una cereza, para decorar

Remover en un vaso mezclador con hielo y colar en una copa de cóctel helada. Adornar con una cereza.

Del libro de Ted Haigh, *Vintage Spirits and Forgotten Cocktails.*

GIMLET (derecha arriba)

Muy fácil de preparar, pero tiene su truco. Tiene que estar FRÍO. Ayuda añadir cantidades iguales de zumo de lima y cordial, o alargarlo con soda.

50 ml de ginebra

7,5 ml de zumo de lima recién exprimido

7,5 ml de refresco de lima (cordial)

rodaja de lima, para servir

Agitar todos los ingredientes con hielo y colar en una copa de cóctel helada. Servir con una rodaja de lima.

HANKY-PANKY (derecha, abajo)

Este cóctel fue creado en la década de 1920 por Ada Coleman, la jefa de camareros del American Bar del hotel Savoy londinense. Recibió este nombre por la exclamación que soltó al probarlo el actor Sir Charles Hawtrey (no el que se hizo famoso por la serie Carry On*).*

45 ml de ginebra

45 ml de vermú dulce

2 golpes de Fernet-Branca

una tira de piel de naranja, para servir

Remover todos los ingredientes con hielo y colar en una copa de cóctel helada. Poner una tira de piel de naranja en la superficie.

MONKEY GLAND

Uno de los cócteles del Harry's New York Bar en el número 5 de la rue Daunou de París. Está garantizado que revitaliza partes a las que otras bebidas no llegan.

60 ml de ginebra

20 ml de zumo de naranja recién exprimido

1 cucharada de granadina

1 cucharada de absenta

Agitar todos los ingredientes con hielo y colar en una copa de cóctel helada.

ASTORIA BIANCO (derecha)

Regalo de Jim Meehan del bar PDT de Nueva York (véanse también *pp. 211 y 216*) *que apunta: «Años antes de que la ginebra Old Tom fuera reintroducida en el mercado estadounidense, busqué una aproximación al perfil de sabor sustituyendo el vermú seco por blanco para resucitar el cóctel Astoria».*

75 ml de Tanqueray London Dry Gin (*véase* p. 110)

30 ml de vermú Martini Bianco

2 golpes de bíter de naranja

piel de naranja, para decorar

Remover todos los ingredientes con hielo y colar en una copa helada. Adornar con la piel de naranja.

PEGU CLUB

Una exquisitez colonial creada como bebida para el anochecer por los moradores del Pegu Club de Rangún (ahora Yangon), Birmania (ahora Myanmar) en la década de 1920.

45 ml de ginebra

15 ml de Cointreau

20 ml de zumo de lima recién exprimido

2 golpes de Angostura

Agitar todos los ingredientes con hielo y colar en un vaso de cóctel helado.

Del libro de Ted Haigh, *Vintage Spirits and Forgotten Cocktails*.

VESPER

Inventado por Ian Fleming, aparece en Casino Royal, la primera novela de James Bond. Recibió el nombre de la chica Bond en el libro, la agente doble Vesper Lynd. Se preparaba originalmente con Kina Lillet, que por desgracia ha dejado de existir.

90 ml de ginebra

30 ml de vodka

15 ml de vermú Lillet Blanc

piel de limón, para decorar

Agitar todos los ingredientes con hielo y colar en una copa de tallo alto helada. Adornar con piel de limón.

WHITE LADY (más a la derecha)

Otro producto de la fértil mente de Harry MacElhone (véase Fairbank Cocktail, p. 204), surgido en los Locos Veinte en París. Hoy es más habitual verlo en bares de lujo de Tokio.

40 ml de ginebra

20 ml de zumo de limón recién exprimido

25 ml de Cointreau

Agitar todos los ingredientes con hielo y colar en una copa de cóctel helada.

TWENTIETH CENTURY COCKTAIL (derecha)

Creado en 1937, no recibe este nombre por el siglo sino por el entonces recién diseñado tren Twentieth Century Limited, que hacía el trayecto entre Nueva York y Chicago.

45 ml de ginebra

15 ml de vermú Lillet Blanc

15 ml de *crème* de cacao blanca

15 ml de zumo de limón recién exprimido

Agitar todos los ingredientes con hielo y colar en una copa helada de cóctel.

BREAKFAST MARTINI (izquierda)

40 ml de ginebra

20 ml de zumo de limón recién exprimido

20 ml de Cointreau

1 cucharada rasa de mermelada de naranja (sin corteza)

pan tostado, para decorar

Agitar todos los ingredientes con hielo y colar en una copa de cóctel helada. Servir con pan tostado.

De Salvatore «The Maestro» Calabrese del Playboy Club de Londres.

SILVER FIZZ

Preparado por primera vez en la década de 1880 en Nueva York o Chicago (el debate continúa), pretendía ser un estimulante para primera hora de la mañana. Puedo dar fe de que sigue funcionando.

50 ml de ginebra

35 ml de almíbar o sirope de goma (*véase* p. 188)

25 ml de zumo de limón recién exprimido

20 ml de clara de huevo

60 ml de soda

Agitar los 4 primeros ingredientes con hielo durante un buen rato y con fuerza. Colar en un vaso sin hielo y rematar con la soda.

AFTER NINE

Por cortesía de Jim Meehan del neoyorquino bar de cócteles PDT (véanse también *pp. 206 y 216), que comenta: «Una justa recompensa tras un duro día en la montaña. Esta bebida para entonar en invierno también nos gusta a los que pasamos más tiempo mirando a las montañas que escalándolas».*

30 ml de Monkey 47 Schwarzwald Dry Gin (*véase* p. 130)

240 ml infusión de menta lavanda, recién preparada

15 ml de Marie Brizard Cacao Blanc

11/2 cucharadas de Chartreuse V.E.P. Verte (verde)

ramita de lavanda, para decorar

Poner los ingredientes en una jarra precalentada. Adornar con una ramita de lavanda.

CHOCOLATE NEGRONI

30 ml de ginebra Fords (*véase* p. 84)

22 ml de Campari

22 ml de vermú rojo Punt e Mes

5 ml de *crème* de cacao blanca

2 golpes de bíter de chocolate

piel de naranja, para decorar

Mezclar todos los ingredientes y colar en una copa de cóctel helada sobre un trozo grande de hielo. Adornar con piel de naranja.

De Naren Young, de Fork & Shaker, Nueva York.

HOUSE GIN FIZZ (derecha)

50 ml de ginebra London dry

25 ml de zumo de limón recién exprimido

10 ml de aceite de oliva virgen extra

20 ml de almíbar o sirope de goma (*véase* p. 188)

25 ml de clara de huevo

un pellizco de sal vainillada

soda, para rematar

piel de limón, para decorar

Agitar «en seco» (sin hielo) todos los ingredientes, excepto la soda. A continuación, repetir con hielo. Colar en una copa sling enfriada sin hielo. Rematar con un chorro de soda y adornar con una tira de limón.

De Ryan Cheriyawardana del White Lyan de Hoxton, Londres.

START ME UP (derecha)

45 ml de ginebra

10 ml de brandy de albaricoque

5 ml de aquavit

5 ml de almíbar o sirope de goma (*véase* p. 188)

20 ml de Cocchi Americano de melocotón

piel de limón, para decorar

Remover todos los ingredientes sobre hielo y colar en una copa de cóctel helada. Adornar con una tira de limón.

De Rob Libecans del White Lyan de Hoxton, Londres.

JASMINE (izquierda)

45 ml de ginebra

20 ml de triple seco Combier

15 ml de Campari

20 ml de zumo de limón recién exprimido

15 ml de almíbar o sirope de goma (*véase* p. 188)

flor de pensamiento, para decorar (opcional)

Agitar todos los ingredientes juntos y filtrar en una copa de cóctel. Adornar con un pensamiento, si se dispone de uno.

De Naren Young, Fork & Shaker, New York City.

AU THÉ VERT

50 ml de ginebra Tanqueray London Dry (*véase* p. 110)

25 ml de zumo de limón recién exprimido

20 ml de sirope de musgo del roble (*véase* debajo)

½ cucharada de Bénédictine

golpe de agua de azahar

75 ml de té de jazmín (*véase* debajo)

flores comestibles de la estación -de jazmín, si puede ser- para decorar

PARA EL SIROPE DE MUSGO DEL ROBLE (LIQUEN *EVERNIA PRUNASTRI*)

50 g de oakmoss (musgo del roble)

2 k de azúcar

1 litro de agua

PARA EL TÉ DE JAZMÍN

25 g de té de jazmín en hoja

125 ml de agua a 90 °C

125 ml de agua fría

Para hacer el sirope, poner todos los ingredientes en una cazuela y calentar hasta que se disuelva el azúcar. Retirar del fuego y dejar reposar durante una hora. Después, filtrar con un colador fino Superbag. Echar en una botella esterilizada, sellar y etiquetar con la fecha antes de meterla en el frigorífico. Se conserva un mes.

Para preparar el té de jazmín, dejar reposar las hojas en el agua caliente 4 minutos. Añadir el agua fría y colar rápidamente. Guardar en una botella esterilizada, sellada y con fecha. Conservar en el frigorífico 2 días. El té puede ser hervido dos veces.

Añadir todos los ingredientes juntos en un vaso enfriado con hielo en cubitos y remover deprisa. Adornar con flores.

Stuart Bale de Strange Hill para el hotel Bulgari de Londres.

HOOK, LINE AND SINKER

30 ml de West Winds Gin The Cutlass (*véase* p. 135)

40 ml de vermú Regal Rogue Rosso

2 golpes de Angostura

2 golpes de bíter de naranja amarga Curaçao

cereza negra en conserva, para decorar

Remover los ingredientes juntos y colar en una copa helada. Adornar con una cereza negra.

De Tim Philips del Bulletin Place, Sídney.

OLD FRIEND (derecha)

Otro de Jim Meehan del bar PDT de Nueva York (véanse también *pp. 206 y 211), que explica: «Primo lejano del clásico Old Pal, este brillante y sofisticado* sour *comparte muchos de los atributos de su apreciado compañero».*

5 ml de ginebra London dry (*véase* p. 63)

25 ml de zumo de pomelo rosa

15 ml de Campari

1 ½ cucharadas de licor de flor de saúco St. Germain

piel de limón, para decorar

Agitar todos los ingredientes con hielo y colar en una copa helada. Decorar con una tira de limón.

PASTIS IN A PEAR T (derecha)

50 ml de ginebra Tanqueray London Dry (*véase* p. 110)

5 ml de pastis

½ pera fresca, pelada, sin semillas y cortada en trozos

15 ml de zumo de limón recién exprimido

10 ml de almíbar o sirope de goma (*véase* p. 188)

anís estrellado, para decorar

Agitar todos los ingredientes sobre hielo y servir en una copa helada. Adornar con una estrella de anís.

De Barrie Wilson, embajador global de la marca de ginebra Tanqueray.

VICTORIA CALLING

40 ml de Melbourbe Gin Company (MGC) Dry Gin

15 ml de fino de jerez Seppeltsfield Flora Fino (DP 117)

10 ml de zumo de limón recién exprimido

10 ml de almíbar o sirope de goma (*véase* p. 188)

20 ml de zumo de pomelo blanco

tira de piel de pomelo, para decorar

Poner todos los ingredientes en una coctelera, agitar y colar en una copa helada. Adornar con una tira de piel de pomelo.

De Tim Philips del Bulletin Place, Sídney.

PATCHOULI FIZZ (derecha)

40 ml de ginebra Beefeater London Garden Exclusive Edition

20 ml de zumo de limón recién exprimido

50 ml de Merlet Lune d'Abricot (brandy de albaricoque)

10 ml de almíbar o sirope de goma (*véase* p. 188)

10 ml de té verde

2 golpes de bíter de pachulí

tónica Fever-Tree, para rematar

PARA DECORAR

rodaja de limón

albahaca enana o marsellesa

Echar todos los ingredientes, menos la tónica, sobre hielo en una coctelera y agitar. Filtrar en un vaso highball helado y rematar con la tónica. Adornar con una rodajita de limón y la albahaca.

De Nathan O'Neill del Dandelyan, hotel Mondrian, Londres.

KUKU COOLER

8 uvas negras sin pepitas, más extra para decorar

40 ml de ginebra Tanqueray London Dry (*véase* p. 110)

15 ml de vino de Madeira

15 ml de zumo de lima recién exprimido

10 ml de verjus (agraz)

50 ml de tónica, para rematar

rodaja de lima, para decorar

Echar las uvas en una coctelera, añadir el resto de los ingredientes (excepto la tónica) y agitar. Colar en un vaso highball y rematar con la tónica. Adornar con una rodajita de lima y uvas negras.

De Matt Linklater, Bulletin Place, Sídney.

BIBLIOGRAFÍA

Almodóvar, Miguel Ángel, *El arte del gin-tonic*, Madrid, Anaya Multimedia, 2013.

Anderson, Frank J., *An Illustrated History of the Herbals*, Nueva York, Columbia University Press, 1977.

Anón., *Mother Gin: A Tragi-Comical Eclogue,* Londres, Homer's Head, 1737. Reeditado en British Library Historical Print Collections, 2011.

Anón., *A Dissertarion On Mr Hogarth's Six Print*, Londres, 1751.

Ansón, Rafael; García Romero, Carmen y Mijares, Isabel, *La ginebra en la gastronomía del siglo XXI: más de 100 recetas y cócteles elaborados con ginebra*, Barcelona, Lunwerg, 2012.

Baker Jr., Charles H., *Jigger; Beaker & Glass*, Lanham, Maryland, Derrydale Press, 1992.

Barnett, Richard, *The Book of Gin*, Nueva York, Grove Press, 2011.

Bayley, Stephen, *Gin*, Norwich, Balding & Mansell, 1994.

Beekman, E. M., *Fugitive Dreams*, Amherst, The University of Massachusetts Press, 1988.

Bennett, Thea, *London Gin*, Newhaven, Golden Guides Press, 2013.

Boothby, William, *The World's Drinks and How to Mix Them*, San Francisco, 1908. Reeditado por Mud Puddle Books, 2009.

Brunschwig, Hieronymus, *Liber de Arte Distillandi de Compositi*, Estrasburgo, 1512. Versión electrónica en la National Library of Medicine.

Cademan, Thomas, *The Distiller of London*, Londres, Sarah Paske, 1698. Reeditado por Early English Books (EEBO) Editions, 2011.

Cooper, Ambrose, *The Complete Distiller*, Londres, P. Vaillant and R. Griffiths, 1757. Reeditado por Kessinger Publishing, 2010.

Craddock, Harry, *The Savoy Cocktail Book*, Londres, Constable & Company, 1930.

Curtis, Tony y Williams, David G., *An Introduction to Perfumery*, Nueva York, Micelle Press, [2]2001.

De Groff, Dale, *The Craft of the Cocktail*, Londres, Proof Publishing, 2003.

Dickens, Cedric, *Drinking with Dickens*, Nueva York, New Amsterdam Books, 1980.

Dickens, Charles, *Sketches by Boz*, Londres, 1839. Reeditado por Penguin Group, 1995. [ed. cast.: *Escenas de la vida de Londres por «Boz»*, M. Á. Martínez-Cabeza (ed.), Madrid, Abada, 2009].

Difford, Simon, *Diffordsguide Gin Compendium*, Londres, Old Firm of Sin, [2]2013.

Dillon, Patrick, *The Much-lamented Death of Madam Geneva: The Eighteenth-century Gin Craze*, Londres, Review, 2002.

Doxat, John, *The Gin Book*, Londres, Quiller Press Ltd., 1989.

Duffy, Patrick G. y Misch, Robert J., *The Official Mixer's Manual*, Nueva York, R. Long and R. R. Smith, 1934. Reeditado por Doubleday, 1983.

Edmunds, Lowell, *Martini, Straight Up*, Baltimore, The Johns Hopkins University Press, 1998.

Embury, David A., *The Fine Art of Mixing Drinks*, ed. rev., Nueva York, Doubleday & Company, 1958.

English, George, «Flemish Religious Emigration in the 15th and 17th Centuries», *Scotland and the Flemish People*, University of St Andrews, 2014.

Fouquet, Louis, *Bariana*, París, 1896, Reeditado por Mixellany, 2008.

George, Dorothy, *London Life in the Eighteen Century*, Londres, Kegan, Paul, Trech, Trubner and Co., 1925. Reeditado por Penguin Group, 1992.

Gesner, Conrad, *Historiae Animalium*, Zúrich, 1551-1558. Libro electrónico en la National Library of Medicine.

Grimes, William, *Straight Up or On the Rocks*, Nueva York, North Point Press, 2001.

Gronow, Cap. Rees Howell, *Reminiscences of Captain Gronow*, Londres, Smith, Elder & Co., 1862. Libro electrónico en Proyecto Gutenberg.

Gwynn, Robin D., «England's "First Refugees"», *History Today* 35 (mayo 1985).

Haigh, Ted, *Vintage Spirits and Forgotten Cocktails*, Beverly, Massachusetts, Quarry Books, 2009.

Johson, Harry, *The New and Improved Illustrated Bartenders's Manual*, Nueva York, 1888. Reeditado por Mixellany, 2009.

Knoll, Aaron J. y Smith, David T., *The Craft of Gin*, Hayward, White Mule Press, 2013.

Lans, Nathalie, *Schiedam Builds on Jenever History*, Schiedam, TDS Drukwerken, 2000.

Lladó, Vador, *El secreto del gin-tonic*, Now Books, 2012.

Loftus, William, *The New Mixing Book*, Londres, 1869. Reeditado por Ross Bolton, 2008.

McHarry, Samuel, *The Practical Distiller*, Harrisburg, John Wyeth, 1809. Archivo de internet.

Medwin, Thomas, *Conversations of Lord Byron*, Londres, 1824, Google Books.

Miller, Anistatia R. y Brown, Jared M., *Shaken Not Stirred*, Nueva York, Harper Collins, 1997.

—, *Spiritous Jorney: A History of Drink, Book One*, Londres, Mixellany, 2009.

—, *Spiritous Journey: A History of Drink, Book Two*, Londres Mixellany, 2009.

—, *The Mixellany Guide to Vermouth & Others Aperitifs*, Cheltenham, Mixellany, 2011.

Miller, John, «Portrait of Britain: 1600», *History Today* 50 (septiembre 2000).

Milton, Giles, *Nathaniel's Nutmeg*, Londres, Hodder & Stoughton, 1999.

Moran, Bruce T., *Distilling Knowledge: Alchemy, Chemistry, and the Scientific Revolution*, Cambridge (Mass.), Harvard University Press, 2005.

Morewood, Samuel, *A Philosophical and Staatistical History of the Inventions and Customs of Ancient and Modern Nations in the Manufacture and Use of Inebrating Liquors*, Dublín, W Curry and W Carson, 1838. Reeditado por Kessinger Publishing, 2012.

Muñoz Ramos, Juan, *De la ginebra al gin: + de 1.000 ginebras de todo el mundo*, libro electrónico de Sommelier Masterclass, 2013.

Parkinson, John, *Theatrum Botanicum: The Theater of Plants*, Londres, 1640, Google Books.

Plat, Hugh, *Delightes for Ladies*, Londres, Humfrey Lownes, 1609. En www.celtnet.org.uk. Celtnet.

Regan, Gary, *The Joy of Mixology*, Nueva York, Clarkson Potter Publishers, 2003.

Regan, Gaz, *The Negroni*, Cheltenham, Mixellany, 2012.

Ricket, E. y Thomas C., *The Gentleman's Table Guide*, Londres, 1871. Archivo en internet.

Rocco, Fiammetta, *The Miraculous Fever-Tree*, Londres, Harper Collins, 2004.

Schmidt, William (The Only William), *The Flowing Bowl: What and When to Drink*, Nueva York, Charles L. Webster & Co., 1892.

Schumann, Charles, *American Bar*, Nueva York, Abbeville Press Publishers, 1995.

Sell, Charles S., *The Chemistry of Fragances*, Cambridge, Royal Society of Chemistry, 2006.

Solmonson, Lesley J., *Gin: A Global History*, Londres, Reaktion Books, 2012.

Stephen, John (doctor en Medicina), *A Treatise on the Manufacture, Imitation, Adulteration, and Reduction of Foreigns Wines, Brandies, Gins, Rums, Etc.*, Filadelfia, 1860. En la página Online Books.

Stewart, Amy, *The Drunken Botanist*, Chapel Hill, Carolina del Norte, Algonquin Books, 2013.

Stiles, Henry R., *A History of the City of Brooklyn*, Brooklyn, 1869.

Stuart, Thomas, *Stuart's Fancy Drinks and How to Mix Them*, Nueva York, Excelsior Publishing House, 1896, Archivo en internet.

Terrington, William, *Cooling Cups and Dainty Drinks*, Londres y Nueva York, Routledge and Sons, 1869. Archivo en internet.

Thomas, Jerry, *The Bar-Tender's Guide*, Nueva York, Dick & Fitzgerald, 1876. Reeditado en Angouleme, Vintagebook, 2001.

Tudge, Colin, *The Secret Life of Trees*, Londres, The Penguin Group, 2005.

Van Acker, Veronique, *Genever: 500 Years of History in a Bottle*, Vermont, Flemish Lion, 2013.

Van Schoonenberghe, Eric, «Genever (Gin): A Spirit Drink Full of History, Scince, and Technology», *Sartoniana* 12 (1999).

Warner, Jessica, *Craze: Gin and Debauchery in an Age of Reason*, Londres, Profile Books, 2003.

—, «The Naturalization of Beer and Gin in Early Modern England», *Contemporary Drug Problems*, vol. 24, sección 2, 1997. Página de la Biblioteca de Investigación online Questia.

Williams, David G., *The Chemistry of Essential Oils*, Weymouth, Micelle Press, [2]2008.

Williams, Olivia, *Gin Glorious Gin*, Londres, Headline Publishing Group, 2014.

Wilson, Anne C., *Water of Life*, Devon, Prospect Books, 2005.

Wondrich, David, *Imbibe!*, Nueva York, The Penguin Group, 2007.

—, *Punch*, Nueva York, The Penguin Group, 2010.

Y-Worth, W., *The Compleat Distiller*, Londres, J Taylor, 1705. Reeditado por Gale Eighteen Century Collections Online (ECCO), Print Editions, 2010.

ÍNDICE

En *cursiva:* nombres de cócteles y combinados, número de páginas de las ilustraciones.

AGRADECIMIENTOS

CRÉDITOS ILUSTRACIONES

A los editores les gustaría dar las gracias a todos los destiladores, y a sus agentes, que han suministrado amablemente imágenes de ginebras para su inclusión en este libro.

Otros créditos:

Alamy Anton Havelaar 24; Bon Appetit 38; Falkenstein/Bildagentour-online Historical Collect 23; Jean-Baptiste Rabouan/Hemis 31; Jeffrey Blackler 33; Mary Evans Picture Library 21; Museum of London/Heritage Image Partneship Ltd 18; Peter Horree 13; Tom Hanley 37; cortesía de **Caorunn Gin** 43: **Corbis** David J. Frent/David J. & Janice L. Frent Collection 26; cortesía de **Dave Broom** 11; **Getty Images** Brad Wenner 2; Chris Ratcliffe/Bloomberg via Getty Images 34; Florilegius/SSPL 9; Guildhall Library & Art Gallery/Heritage Images 19; Imagno 15; Topical Press Agency 27, 29; cortesía de **The Hendrick's Gin Distillery Ltd** 32, 42; cortesía de **Lucas Bols** 12; cortesía de **NY Distilling Company** 30: Shutterstock Nicku 25; S1001 36; SidorovichV 35; **Sipsmith Independent Spirits** foto Alastair Wiper 41; **Thinkstock** iStock 55; **Wellcome Library**, Londres 8, 10, 16; **Zuidam Distillers** 44, 45.

Autor foto p. 7 **Will Robb.**

Fotografías cócteles **Cristian Barnett** para Octopus Publishing.

Este libro ha estado gestándose largo tiempo y no lo habría podido escribir sin la ayuda, el aliento, la amistad, la disposición a aceptar desagradables responsabilidades y las sedientas gargantas de muchos colegas, amigos y miembros de la familia.

Gracias a Desmond Payne, que me mostró el camino hace un montón de años y que ha sido una fuente constante de ayuda –y ginebra– desde entonces.

A Sean Harrison por los recuerdos del Tales of the Cocktail, su ayuda con el tema de la química, la comida en el tren y más.

A Patrick Zuidam, que está llevando la ginebra a un nuevo mundo.

A Jean-Sébastien Robicquet, Jamie Walker y el equipo de G'Vine.

A Will Lowe por hacerme mi propia ginebra, el consejo organoléptico y las hormigas.

A Alexandre Gabriel, Alex Nicol, Darren Rook, Simon Ford, Charles Maxwell, Jake Burger y todos los que enviaron muestras.

A Anistatia Miller por ser siempre una sólida tabla de salvación, y a Jared Brown por lo mismo, además de a Sam y a Fairfax por algunos grandes recuerdos cargados de enebro.

A Geoffrey Kelly por su ayuda con la ginebra flamenca, a Neil Mathieson por la degustación «boutique», y a Michael Vachon por lo mismo.

A Nicholas Cook y el Gin Guild, y al personal del Schiedam Museum.

A Charles Rolls por depositarme en tierra sano y salvo hace muchos años y a sus colegas Tim Warrillow y Saskia Meyer de Fever-Tree.

A Joanne McKerchar de Diageo Archive por su inmensa contribución al detalle histórico.

A David R. Smith de summerfruitcup.wordpress.com por escucharme y organizar una gran cata.

A Sandrae Lawrence y Gary Sharpen, amantes del cóctel de ginebra y amigos muy queridos.

A Ryan Chetiyawardana por ocuparse, una vez más, de preparar los cócteles pese a apremiantes presiones laborales, y a Tristan Stephenson y el equipo de Whistling Shop por permitirnos usar su maravilloso bar, a Barrie Wilson, el segundo mejor barman de Dunfermline, Tony C., Tim D. Philips, Naren Young, Jim Meehan, Stu Bale, los camareros de Lyan Group, Nick Strangeway y Cairbry Hill, Dick Bradsell y Seb Hamilton-Mudge.

A Philip Duff por toda su ayuda con la ginebra holandesa, a Gaz Regan por sus compras y a David Wondrich por su consejo acerca de varios garitos canadienses, un hombre sabio que sabe de lo que habla.

A los miembros de SKYC, para los que tres negronis nunca son suficientes.

Al equipo de Octopus, que de nuevo ha hecho un magnífico trabajo: Denise, Leanne, Giulia, Juliette y Jo, la editora.

A Tom Williams, mi paciente, servicial e imperturbable agente, y aficionado como yo al Negroni. Pero, más que a nadie, a mi esposa Jo, que no sólo me ha soportado durante la redacción sino que me ha acompañado en el proceso. Sin su ayuda en la investigación y la logística, este libro no existiría, o yo me habría vuelto loco... o ambas cosas. Al menos, ha descubierto al final que le gustan los cócteles que, otro afortunado acontecimiento, agita ahora nuestra hija Rosie. Puede que sea muy joven para beber, pero es capaz de hacer un Aviation de muerte. ¡Que vuelen muchos años!